JN081929

だ
ぞ
ざ
ど
ミュゼホワイトニング歯科医師
末光妙子
小顔（こがお）

音読（おんどく）

歯科医師が教える、魔法の早口ことば

突然ですが、
この早口ことば、
言えますか？

だぞざど
どざぞだ

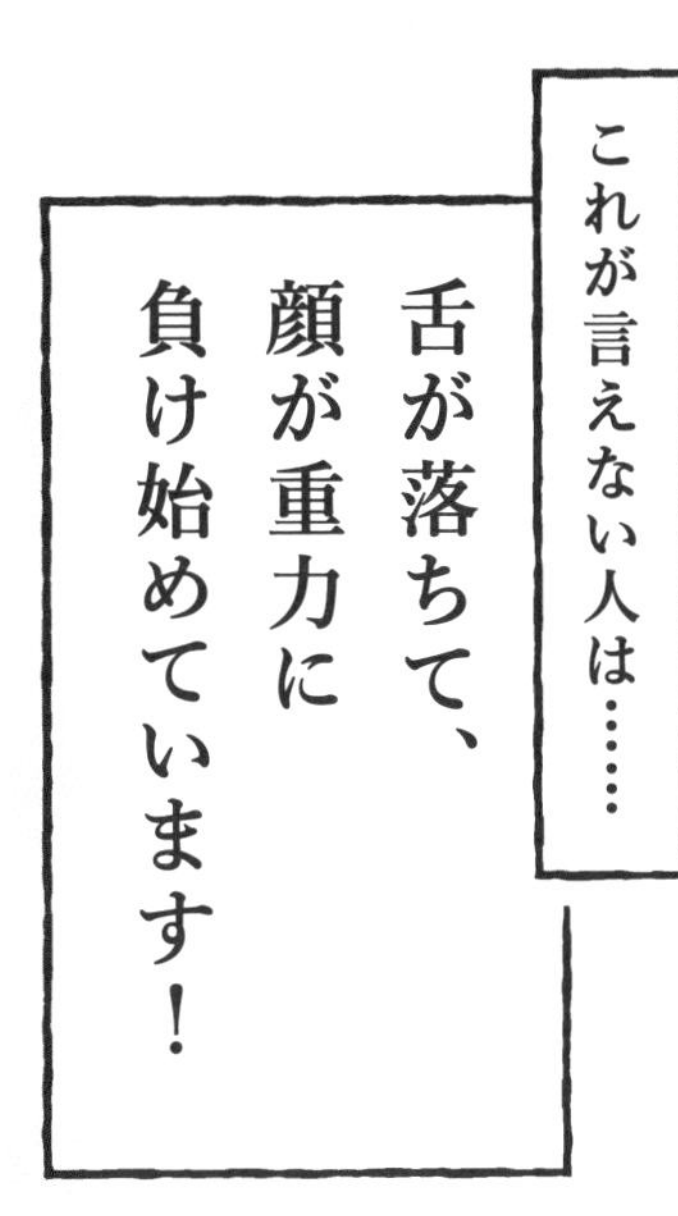
これが言えない人は……
舌が落ちて、顔が重力に負け始めています！

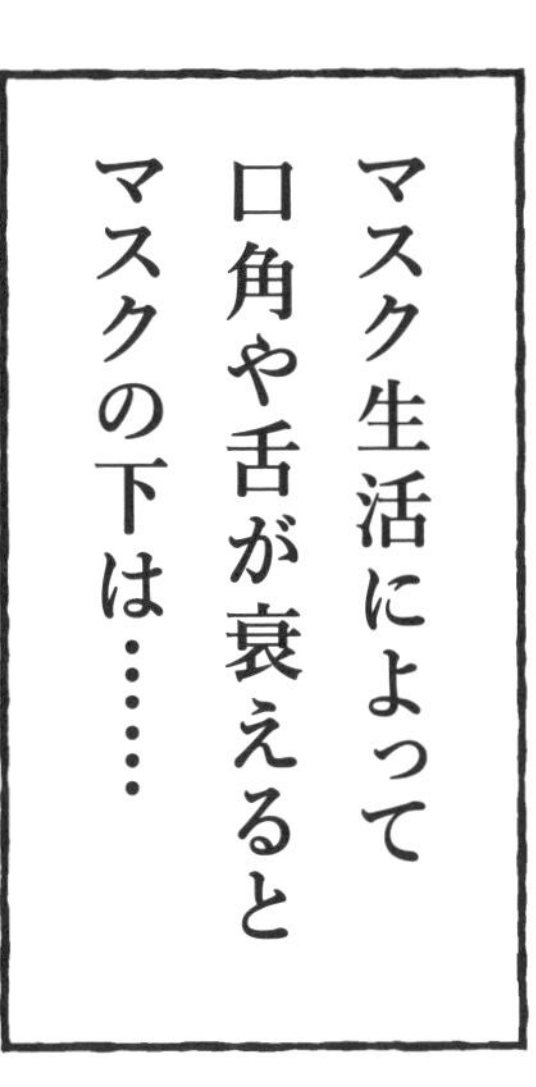
マスク生活によって口角や舌が衰えるとマスクの下は……

ど
ざ
ぞ
だ

ほうれい線がくっきり
口角が落ちる
鼻の下が平坦に
フェイスラインがもったりしている!!
その原因は舌が落ちているから!!

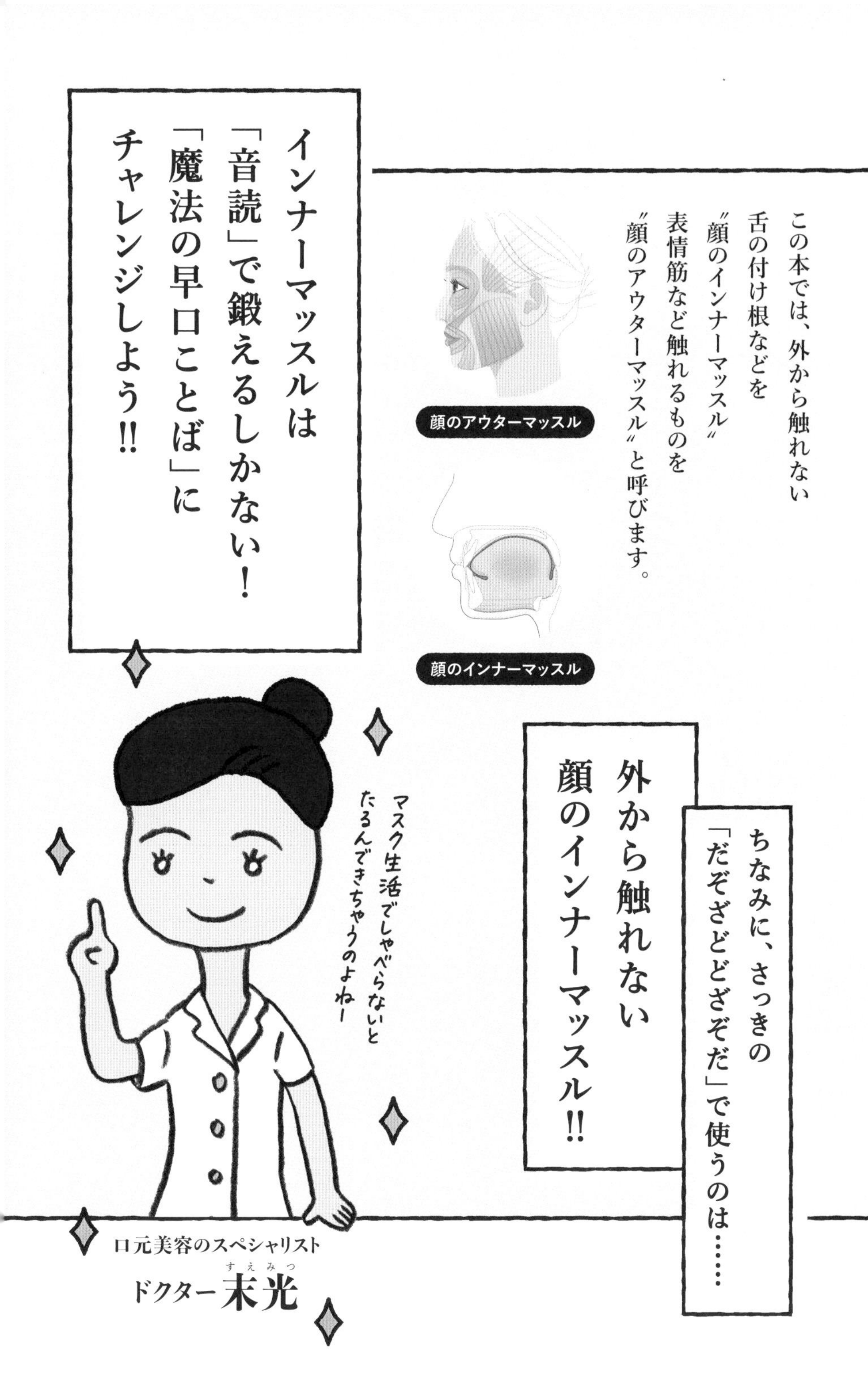
この本では、外から触れない
舌の付け根などを
〝顔のインナーマッスル〟
表情筋など触れるものを
〝顔のアウターマッスル〟と呼びます。
顔のアウターマッスル
顔のインナーマッスル
インナーマッスルは
「音読」で鍛えるしかない!
「魔法の早口ことば」に
チャレンジしよう!!
ちなみに、さっきの
「だぞざどざぞだ」で使うのは……
外から触れない
顔のインナーマッスル!!
マスク生活でしゃべらないと
たるんできちゃうのよねー
口元美容のスペシャリスト
ドクター末光（すえみつ）

はじめに

口角を上げるとチョコ2000個分の幸福ホルモンが出る！

2020年、世界中で爆発的に広まった新型コロナウイルスにより、私たちの日常生活は一変しました。外出自粛で、容易には人と会えない生活。リモートワークの推奨によって家にこもる日々。そして何より大きい変化はマスク必須の生活スタイルでしょう。

マスクに隠れた口元は、どうしても緊張感なくゆるみがちになってしまいます。つられて口角が下がり気味になったり、口が半開きのままだったり。口元が衰えてしまう——そんな危機感があるなら、私といっしょに魔法の早口ことばにトライしてみませんか？

でも、いったいなぜ、早口ことばなの？　そんな声が聞こえそうです。それは、ちょっと難しいけど声に出して言ってみたくなる呪文のような早口ことばだったら、難しくてつまずけば思わず笑ってしまったり、スラスラと言えれば得意な気持ちになったり、そうしているうちに、気づけば口角も上がり、心も晴れやかになっているはずだから。

実は口角を上げると脳が勝手に「楽しい」と勘違いして、別名「幸せホルモン」とも呼ばれるセロトニンや多幸感をもたらす神経伝達物質エンドルフィンが分泌されるのです。その効果は、チョコを2000個食べたときの幸福感に匹敵するそうですよ。

また、この早口ことばは、舌の筋肉や顔の表情筋をビシバシ鍛える効果があるので、マスクの下でたるんだ頬やフェイスラインが引き締まり、キュッと小顔に変わります。そういうわけで、「小顔音読」と名づけました。

本書ではそのほか、歯科医師である私が患者さんから相談されることの多い、歯並びや歯の着色汚れ、顔のほうれい線などの悩みについても解決策をお伝えしています。

ではさっそく始めましょう。ぜひ最後までおつき合いくださいね。

もくじ

Chapter 1 「落ち舌」が顔の下半球をたるませる

Chapter 2 小顔になれる「魔法の早口ことば」を言ってみよう！

Chapter 3 マスクをしながら「舌回しトレーニング」

Chapter 4 顔のコリスポットを流す！「小顔ほぐし」

Chapter 5 歯を白く保つための習慣

Chapter 6 みんなが気になる! 歯・あご・声のこと

Chapter 1

「落ち舌」が顔の下半球をたるませる

「舌が落ちている」って、どういうこと？

すっきりとしたフェイスライン、ハリのある頬、キュッと上がった口角――顔の下半球は、顔全体の印象を大きく左右します。

そんな**「下半球」の美しさを決めるのは、実は、私たちの口の中に隠れた「舌」の状態**。指標となるのは、舌の「正しいポジション」です。

❶舌全体が、上あごに沿ってべったりと貼りついている。

❷舌先が前歯に触れず、切歯乳頭（せっしにゅうとう）（前歯の裏側の歯肉にある小さな突起）に軽く添えられている。

（舌の位置が上あごについている）

舌が上あごにべったりくっつく

自然に口を閉じたとき、舌全体が上あごにべったりくっついている状態が正解。口が半開きになった状態でも、舌はこの位置にあるのが理想です。

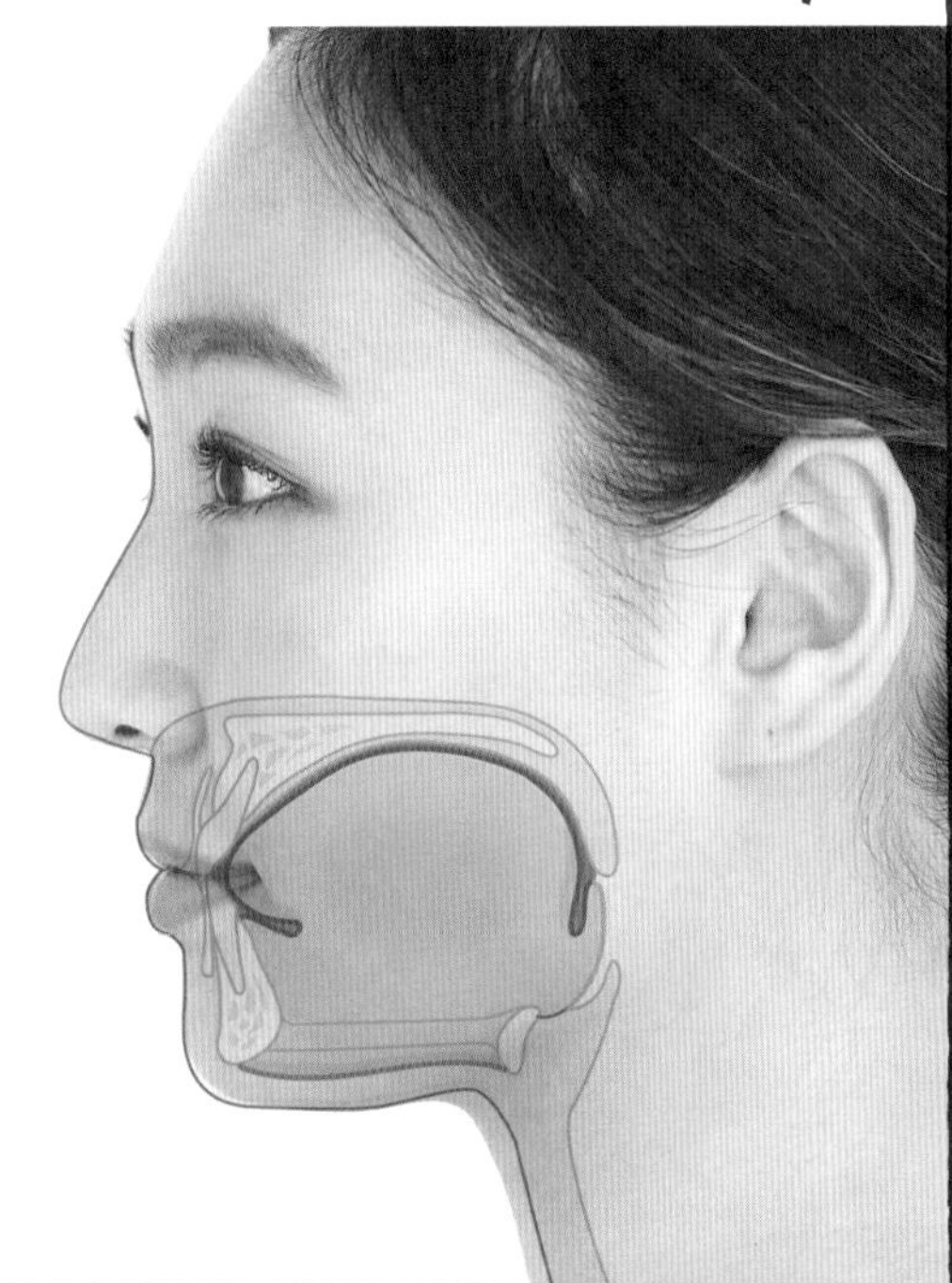

舌先の位置も忘れずチェックしましょう

このとき上下の歯は2、3ミリ程度のすきまが空き、口は軽く閉じています。

一方、間違った舌のポジションとは、舌が下あごの歯列の内側にダランと落ちた状態。この**「落ち舌」**の改善こそが、美しい口元と健康な体を手に入れるカギなのです。

舌はほぼ筋肉でできており、根元だけが舌骨についていて、先端はどこにもつながっていません。

ですから、**正しいポジションの維持には舌全体の筋力が欠かせない**のです。あなたの舌は、どこにありますか?

(舌の位置が下がっている)

口を閉じたとき
舌が浮いている!

意識して舌に力を入れていないと上あごについていないようでは、「落ち舌」になってしまっています。落ち舌になるとフェイスラインももたついてしまいます。

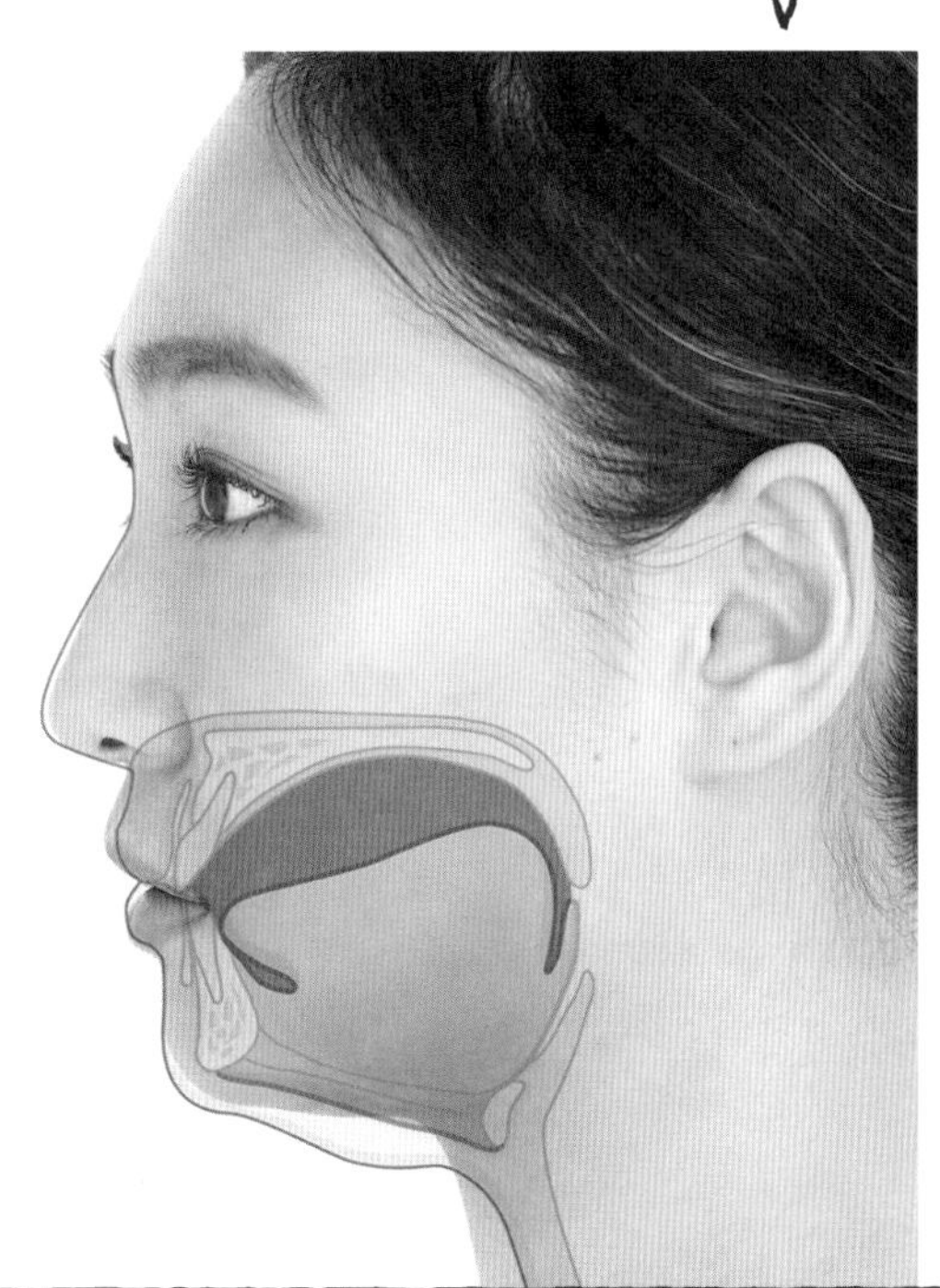

舌だけじゃなく
頬も口角も
下がっている?

あなたの舌はどこにある?

舌全体が上あごに貼りついていますか? 舌先は前歯の裏のスポット(12ページ参照)に添えられていますか? もし正しいポジションが「つらい!」と感じるなら、普段は舌が落ちているのかも!

下あごのアーチに舌がすっぽり落ちている…

舌が上あごから離れて、下あごに落ちてしまっている人は、舌全体の筋肉を上手に使えておらず、機能が衰えている可能性も!

舌が上あごにべったり貼りついている◎

普段から、舌を正しいポジションに置いて生活することが習慣となっている人は、舌の筋肉全体がバランス良く機能しています。

普段の唇、閉じている?

ふいに撮られた写真で、ポカンと口を開けた自分の姿にショック! そんな経験ありませんか。自分では気づきづらいので、家族や友人に「私、普段、口閉じてる?」と聞くのもいいですね。

**ポカンと開いた口元
口角まで下がっている!?**

普段唇が開いている人は、鼻よりも口で呼吸を行いがちで、その弊害が。口まわりの筋肉、さらに顔全体の表情筋が使えていないかも!

**いつだって、キリッ!
しまりのある口元**

キュッと閉じ、口角も上がった美しい口元は、しっかり鼻で呼吸をできている証拠。口まわりの筋肉もちゃんと機能しています。

上手に飲み込める？

食べ物や飲み物を飲み込む動作にも、舌の存在が大きく関係しています。下記の手順に沿って、舌の機能をチェックしてみましょう。若い人でも、意外とうまくできない人が多いのです。

STEP 1
7ccの水を口にふくむ

7ccとは……
ティースプーン2杯分！

STEP 2
上あごと舌で水を閉じ込めて

STEP 3
「イ」の形の口のまま水を飲み込めますか？

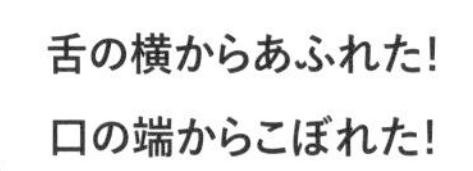

舌の筋肉を上手に使えない場合は、3で「イ」の状態にする前に、2の上あごと舌で水をしっかり閉じ込める動作も難しいと感じるかもしれません。

3つのCheckでわかること

3つのチェックの結果はいかがでしたか？ 詳しい解説に移る前に、ここではまず3つの項目を確認してもらった理由をお伝えします。舌って、こんなにも大切な役割を果たしているのです。

実は、**舌は私たちの生命維持に不可欠な「呼吸」と「食事」という要素に深く関わっています。**

前ページの３つの項目では、それらを適切に行うための舌の機能をチェックしました。

まず**Check1で点検したのは、舌の筋力**です。落ち舌になっていないか、つまり舌全体の筋力が低下していないかを確かめました。

次に**Check2では「適切な呼吸」**ができているかを確認しました。普段から唇が開いている人は、鼻ではなく「口呼吸」優位の可能性が高いのです。理想は口を閉じて鼻で行う「鼻呼吸」。口呼吸は美容面だけでなく体全体の健康にも悪影響があります。

最後に**Check3では、「適切な食事」**を行えているかを点検しました。舌はただ味覚を感じるだけではありません。私たちは食べ物を飲み込むとき、上あごと舌の間に物を閉じ込め、ウェーブのように動かしながらのどの奥に送り込むのです。そのためには、舌で押し込む筋力が欠かせません。加齢により食事の際にむせやすくなるのは、舌の機能の衰えが原因です。

で

下あごに
ダラっと舌が
落ちていた人は……

で

唇開いて
お口ポカーン！
だった人は……

Check 3 で

水を飲み込めず
舌のすきまから
タラリとたれて
しまった人は……

舌といっしょに顔も重力に負けて下降⁉

下あごに落ちた舌は、力なくダラリと広がり、下の歯全体を外側に押している状態。これが続くと歯並びにまで悪影響を及ぼします。また、あごの周囲の筋肉もたるんで顔の下半球が間のびした印象に。口角が下がり、ほうれい線が出やすく、鼻の穴まで広がる場合も。

半開きの唇は呼吸と口輪筋(こうりんきん)に難あり!

ポカンと開いた唇も、実は落ち舌のせい。舌が落ちると鼻腔の通りが悪くなり、自然と口呼吸に。そして常に唇が開いてしまいます。口を閉じないので口まわりの筋肉「口輪筋」の筋力も低下し、つられて表情筋もたるんで、顔の下半球のたるみを加速させることに。

飲み込み下手は高齢者だけじゃない

うまく舌を使って水を飲み込めない人は、舌全体の筋力が低下し、落ち舌になっている可能性が。上で紹介した落ち舌による弊害に加えて、むせやすい、薬を飲むのが苦手、などということはありませんか? 嚥下機能の低下は高齢者だけの問題ではありません。

Chapter 1

「舌が落ちる」と、どうなるの？

舌の筋力が低下して落ち舌になっている人は、隣接している顔全体の表情筋もたるみがちです。そうなると目はたれて、口角が落ち、フェイスラインもたるむ……**表情筋に支えられた顔のパーツが下がって、老け顔が加速**してしまうのです。

また、同じく舌に隣接したのどの声帯筋の筋力も低下している可能性大。すると、**声まで老けた印象**に。そもそも舌自体も筋力不足なため、**滑舌が悪くこもった話し方**になりがちです。

顔の各パーツが下がってくる

落ち舌が示す舌の筋力低下は、同時に顔全体の表情筋もたるんでいることを表します。表情筋がたるむと、それによって支えられる目や口などのパーツが下がるのです。

声が老ける

落ち舌の人はのどの声帯筋の筋力も低下している可能性があります。また発声の際に声を響かせる、のど・口・鼻の空間「共鳴腔（きょうめいくう）」の衰えにより、ますます老け声に。

飲み込みが下手になる

舌の筋力が低下すると、舌で食べ物をのどの奥に送り込む動作がうまくできず、むせやすくなることが。落ち舌がまねく口呼吸で、口の中が乾燥して唾液が減ることも原因になります。

Chapter
1

加齢による口元変化を見てみよう！

そろそろ口紅で
色を足したくなる？

上唇の山が
ハッキリ
血色も抜群です

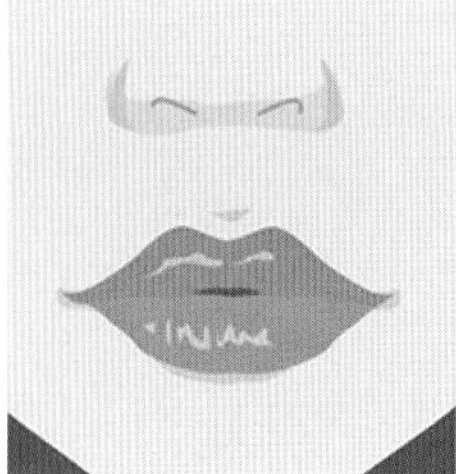

30代　　20代　　10代

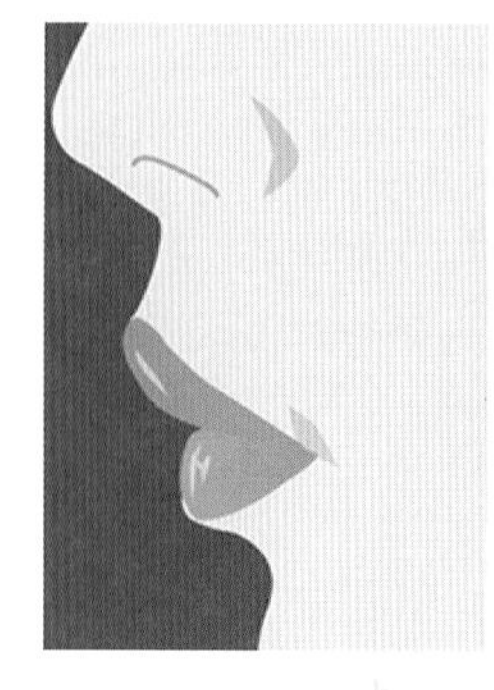

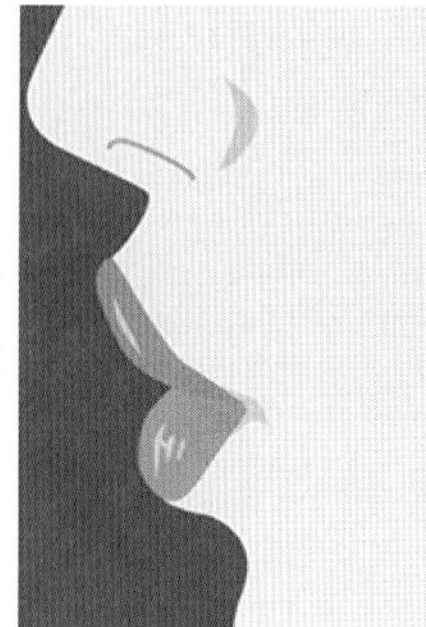

なんとなく上唇の
反り返り具合が
小さくなった？

ふっくらハリが！
上唇が反り返った
アヒル口にも注目

10代から70代までの口元のイラストを見てみましょう。口元がどのように変化すると「老けて見えてしまう」のでしょうか。個人差はありますが、加齢によって、唇だけではなく、唇まわりや鼻下、あごなどにも細かい変化が現れてきます。

唇のハリ
減少に伴い
鼻下にも縦ジワが

マリオネットラインが
口横に目立ち始める

上下の唇ともに
薄くなり
上唇の山も平坦に

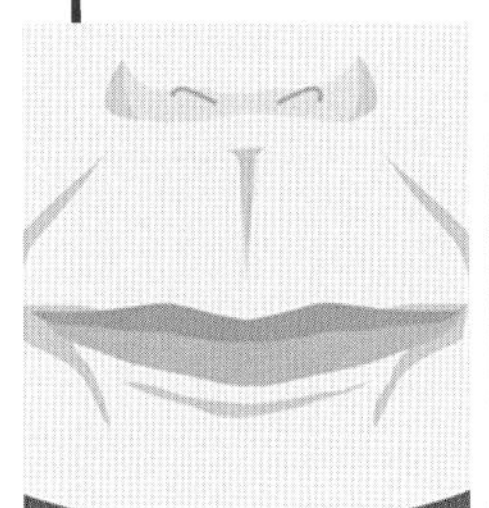

70代 **60代** **50代** **40代**

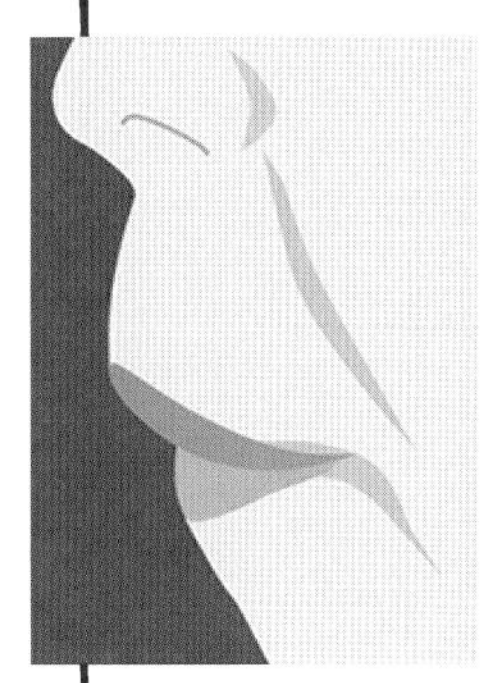
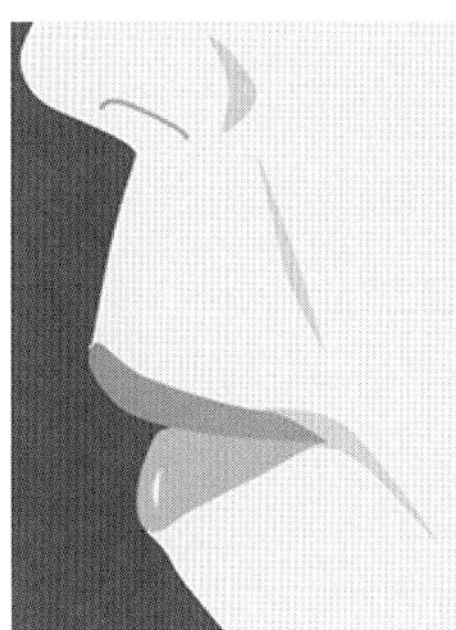
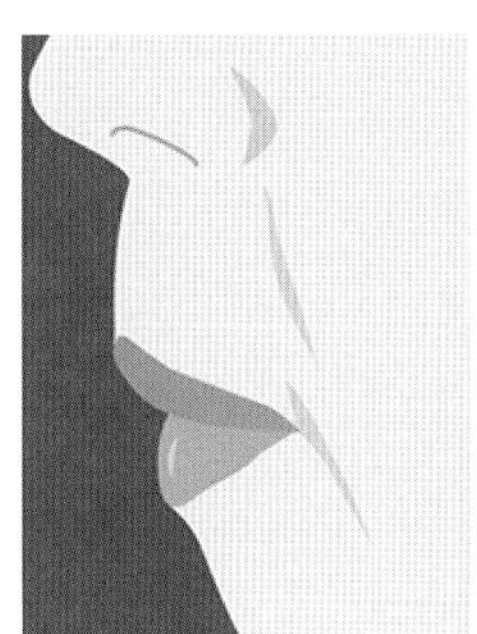
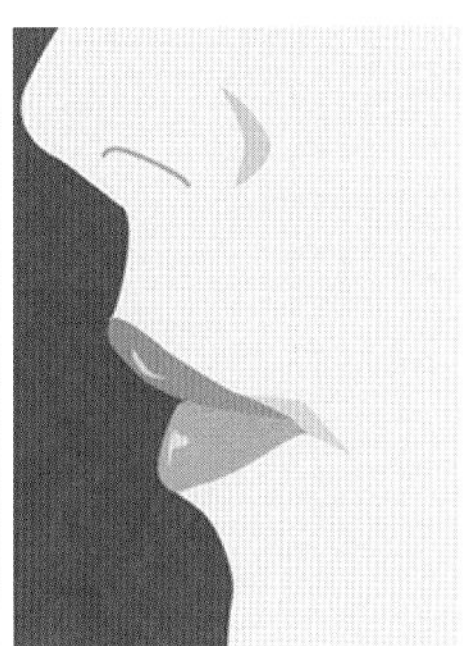

唇の肉感が失われ
のっぺり薄い唇に

鼻の下が直線的で
間のびした印象に

口元の若さのポイントは3つです。1つ目は、唇全体のハリとボリューム。2つ目は山がくっきりしていて反り返った上唇。3つ目は、唇の色。血色の良いピンク色であれば◎です。しかし、年齢とともにこれらが失われ、口角や唇まわりにも老化が認められます。

※年代による口元変化のイラストは花王メイクアップ研究所提供のデータを描き起こしたものです。

Chapter 1

音読と舌回しトレーニングで〝小顔〟&〝リフトアップ〟

気になるのはどうしたら落ち舌を改善できるのか、その具体的な方法です。

まず、大切なことなので何度も言いますが、舌はほぼ筋肉です。そして落ち舌は、舌の筋力低下が原因でした。となれば、そう「筋トレ」です！　腹筋やスクワットをするように、**舌も「舌回しトレーニング」で鍛えましょう**。

落ち舌と関係が深いのは、中でも**舌骨上筋群（ぜっこつじょうきんぐん）と呼ばれるインナーマッスル**。ここを鍛えれば、下半球のたるんだ頬やフェイスラインがリフトアップし、キュッと小顔に！　口呼吸から鼻呼吸に変わる、食べ物の飲み込みがスムーズになる、滑舌が良くなり、明瞭な発声に変わるなどの効果も期待できます。

そしてもう1つ落ち舌改善におすすめなのが、「早口ことば」です。舌回しトレーニングとの違いは、**口を動かすことで口輪筋を中心に顔の表情筋全体へダイレクトにアプローチ**する点。健康面が気になり、とにかく落ち舌を治したいという人は舌を集中的に鍛える舌トレに、まずリフトアップ&小顔が優先という人は早口ことばに、トライしてみてくださいね。

リフトアップ＆小顔には早口ことば！
とにかく落ち舌改善なら舌トレです

早口ことば&舌回しトレーニングの共通メリット

落ち舌が改善!

- ☑ 顔の下半球がリフトアップし、キュッと小顔に!
- ☑ 鼻の通りが良くなり、口呼吸から鼻呼吸に
- ☑ 唾液の量が増える!
- ☑ 食べ物の飲み込みがスムーズになり、むせにくく、咳き込みにくくなる
- ☑ 滑舌が良くなり、明瞭な声が手に入る

早口ことばのメリット

口輪筋を中心に顔の表情筋にぐっとアプローチ!
リフトアップ&小顔効果を目指すならこちら

舌回しトレーニングのメリット

とにかく舌! 舌を集中的に鍛えられる。
落ち舌の改善効果は抜群

☑ 3回続けて言う。なるべく早く、滑らかに

小顔音読は、すべて早口ことばです。1回目はスルッと言えても、2回、3回と繰り返すうちに舌がもつれて、筋力不足を実感!? 最初はゆっくりでもOK。少しずつ速度を早めてみましょう。

☑ 好きなことばを3つ選んで、朝・夕、声に出す

好きなことばは、効果で選ぶもよし、ただ声に出すのが楽しいから、で選ぶもよし。3つ選んで1日2回、音読しましょう。朝夕の歯みがき後、などタイミングを決めると習慣化しやすいはず。

☑ 笑顔をつくりながら言う

鏡を見ながら表情筋を左右均等にしっかり動かして笑顔で音読を! 今回の早口ことばは、すべて上から読んでも下から読んでも同じことばで、音読していると不思議な快感を覚えるはず。

小顔音読 1
難度 ★★★

だぞざど
どざぞだ
×3

ココに効く!
舌先を集中トレーニング。口を大きく開くため表情筋の運動にも。

舌先を歯ぐきに当てて音を弾き出す
難度高めの早口ことば

1つ目から、なかなか挑戦しがいのある、難しめな早口ことばを用意しました。次の2つのポイントをうまく運動しましょう。

最初のポイントは、口の動きです。この早口ことばは、母音で言うと「あおあおおあおあ」。どちらも口の空洞を大きくつくった状態で発声するので、**表情筋の運動**に。「あ」と「お」をはっきり区別して聞き取れるよう、意識して動かしましょう。表情筋が動きづらい人は、まず「あおあおおあおあ」と、母音だけをはっきりゆっくり発音する練習がおすすめ。

次のポイントは、舌先を歯の裏に当てる動作です。「だ」と「ど」では舌先を歯の裏に素早く当てて、破裂させるように音を弾き出し、「ぞ」「ざ」では舌先を歯ぐきに当てながら摩擦音を出します。よって、**舌の中でも特に舌先を鍛えられる**のです。

Advice
表情筋を動かしづらい人は
「あおあおおあおあ」から練習を

➡ P.36へGO!!

☑ 8秒全力＋8秒休憩を8セット

今回ご紹介する舌トレは、全力トレーニングと休憩を繰り返す「筋トレなどのスポーツトレーニング」に着想を得て考案したものです。短時間でグッと追い込んで、圧倒的な成果を手にしましょう!

☑ 毎日やらない。2日休める

よし、毎日やろう! と気合十分な人には言いづらいのですが、やりすぎは禁物。筋肉は使いすぎもNGなのです。こと舌トレに関しては、やりすぎで表情筋にシワができてしまう可能性も。

☑ メリットから選んでOK

ずらりと並んだ舌トレを前に、全部やるのはムリかも……と気後れしてしまう人もいるはず。その必要はありません。たとえ1つでも続けることこそ大事。気になるメリットでチョイスして!

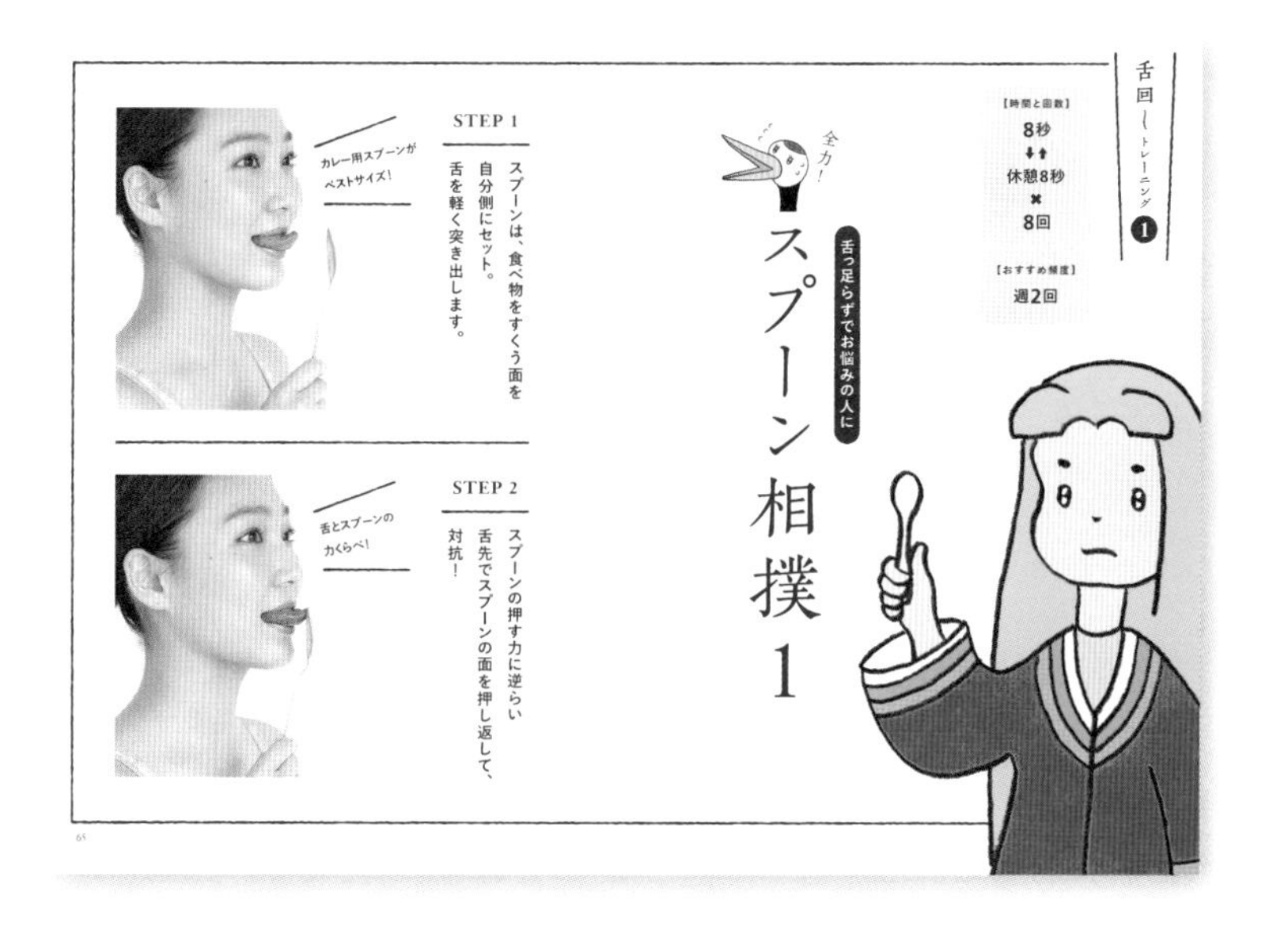
舌回しトレーニング ❶

【時間と回数】
8秒
⬇⬆
休憩8秒
✖
8回

【おすすめ頻度】
週2回

全力!

舌っ足らずでお悩みの人に
スプーン相撲1

STEP 1
スプーンは、食べ物をすくう面を自分側にセット。舌を軽く突き出します。

STEP 2
スプーンの押す力に逆らい舌先でスプーンの面を押し返して、対抗!

65

➡ P.64へGO!!

Chapter 1

舌が上がると免疫力もUP！全身美容につながる

落ち舌になっている人の多くは、無意識のうちに口がポカンと開いて、間のびしたような表情になりがちです。この原因は、舌が落ちることによって鼻の通りが悪くなった結果の「口呼吸」が原因だとお伝えしました。

実は、この口呼吸がまねく健康被害はときに深刻です。まずは**正しい呼吸である「鼻呼吸」の大きな役割**から知っていただきましょう。

私たちが鼻で外気を吸うと、まず直後にぶち当たるのが鼻毛です。鼻毛は外気中の異物や病原体を取り除いてくれるフィルター的な存在。私たちの体で、はじめに敵を迎え撃つ防御チームです。

そこを抜けると次は「副鼻腔（ふくびくう）」と呼ばれる4つの部屋が待ち受けています。副鼻腔のはたらきは、吸った空気の湿度や温度の調節機能。いわば、自前のエアコンです。おかげで冬の冷たく乾燥した外気も、ちょうど良く加温、加湿され、体への負担の少ない状態で体内に入っていきます。

これらが機能しない口呼吸の場合はどうでしょう。**異物も病原体もそのまま、**

落ち舌が良くないって
見た目だけの問題と思ったら……！

外気の温度や湿度も調整されないままでダイレクトに流れ込むので、気道や肺への刺激が強く、また防御壁である粘膜も乾燥するため、細菌やウイルスへの抵抗力が低下し、免疫力が下がってしまうのです。

もう1つ強調したいのが、**口呼吸になると口の中が乾燥して唾液が減ってしまう**という事実。

よく、昔の人は「傷はなめておけば治る」などと言いましたが、これはあながちうそではありません。唾液は殺菌力のある防御チームです。これが減少すると、口腔内で虫歯菌や歯周病菌が次々に増殖してしまいます。また、口の中の粘膜も乾燥で力を発揮できず、さまざまな細菌やウイルスにも感染しやすくなってしまいます。さらに、口腔内の細菌バランスもくずれるため、悪玉菌の出すガスによって口臭が気になるようにもなるでしょう。

ほかにも落ち舌の人は、寝ているときに気道に舌が沈み込むことで睡眠の質が低下したり、ひどい場合は睡眠時無呼吸症候群を引き起こすことも。また食事の飲み込みがうまくできないと、最悪の場合、誤嚥性肺炎（ごえんせいはいえん）にもなりかねません。健全な舌という土台こそが日々の調子の良さを左右するのです。

正しい舌のポジションを身につけて
細菌やウイルスに負けない体に!

Column

みんなの舌の位置を聞いてみた！

Q 口を閉じた状態で、舌の位置はどこにありますか？

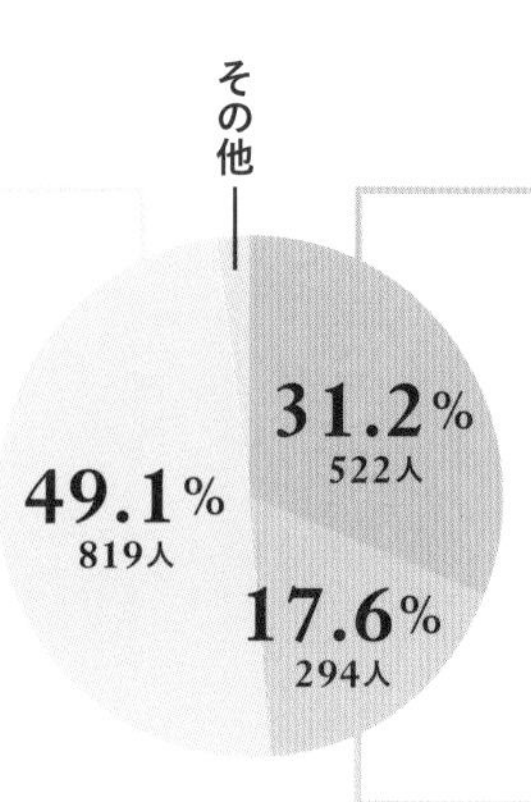

どうせ見えないからって
リップも塗らなくなっちゃった

マスク生活で会話が減り、喜怒哀楽を表す機会が減ると、発声に欠かせない舌の筋肉や顔の表情筋をあまり動かさなくなります。実際、この影響は、口角が下がった、ほうれい線が気になる、など口元の筋肉が衰えたように感じるかという問いに、9割を超える人がYESと答えたように、**すでに目に見える変化として現れている**ようです。

そこでご提案したいのが、**笑顔で声を出す小顔音読と全力で顔の筋肉を動かす舌トレ**。「新しい生活様式」にぜひ取り入れてください。

※ミュゼ・プラチナムが2020年6月に10代〜50代の女性を中心に行ったアンケート結果。総数1669人。％は、四捨五入しています。

Chapter 2

小顔になれる「魔法の早口ことば」を言ってみよう!

Chapter 2

なぜ「音読」を習慣にすると小顔になるの？

「だぞざどぞざぞだ、だぞざどぞざぞだ、だぞざどぞざぞだ」。

本書のはじめに紹介したこの早口ことば、あなたはスラスラと音読できましたか？　1音もかまずに言えた！　という人は、おそらく少ないかもしれません。

では、なぜ多くの人が難しいと感じてしまったのでしょうか？

そもそも声を出すという動作は主にのどの声帯が担うと思われがちですが、それは違います。確かに、**肺から届いた空気を振動させて音を発するのは声帯の役割**ですが、そこで出るのはただブザーのような音色だけ。その音を私たちが発したい**ことばにまで形づくるのは、共鳴腔である口全体の役割**なのです。

発声するときの舌の動きを例に出すと、舌は柔軟に形を変え、位置を変え、さまざまな音を発する手助けをしています。

実際に声を出して観察してみれば、舌だけでなく唇やあごなど口全体の筋肉を総動員していることに気づくでしょう。冒頭の早口ことばがうまく言えなかった人は、これらの筋力が低下し、うまく連動しながら使えていないという

音読で口全体をしっかり動かせば
小顔も美肌も手に入りますよ！

ことが考えられます。

そこで取り入れてほしいのが、音読の習慣です。**鏡を見ながら丁寧な発声で音読すれば、口全体の筋肉を鍛えられます。**しかも早口ことばなので普通の会話とは比べ物にならないほど負荷が大きく効果的。楽しく続けられるよう、思わず口にしたくなる、呪文みたいなことばをそろえました。

音読により舌とその周囲の筋肉、中でも**舌骨上筋群を鍛えれば、落ち舌が改善**されて顔の下半球が引き上がります。

ダラリと下がったフェイスラインや、たっぷりとした二重あごも引き締まり、キュッと小顔に変わる。まさに、「小顔音読」です！

さらに口を大きく動かせば、唇のまわりの口輪筋が鍛えられ、不機嫌そうに下がった口角もにっこりとアップするでしょう。

口元のほうれい線やマリオネットラインにも効果を発揮します。ちなみに口輪筋を使うと、これにつながった顔の表情筋もつられて動くので表情が豊かになるうえ、顔全体の血液やリンパの流れも改善し、むくみが取れてさらに小顔効果にはずみがつきます。

顔デカは、どうせ生まれつき……って、あきらめなくてもいいんだ！

さっそく小顔音読に挑戦！と、前のめりな姿勢は大歓迎ですが、ちょっと待って。いきなり音読してのどを傷めてしまわないように、ウォーミングアップ！

小顔音読の前に「腹式呼吸」を行います。

❶良い姿勢をとり、口で息を10秒間、細く長く吐きます。

❷お腹の中から吐ききったら、またお腹に自然に息が入ってくる感覚を大切にしながら鼻で吸い込みます。これを気持ちが落ち着くまで何度

内臓マッサージ
腹筋を体の中から鍛える

腹式呼吸

腹式呼吸で息を吸ったら吐く息とともに「あーーー」と10秒間、声を出し続けます

か繰り返したら、腹式呼吸で声を出す「ロングトーン」に移りましょう。

腹式呼吸で息を吸い、吐く息とともに、力まないように「あーーーー」と声を長く出します。このとき声は、一定のトーンを保ち安定させること。最初は10秒程度、慣れるともっと長く出し続けられるようになります。

これらは、**のどを緊張させずに、リラックスしてお腹から声を出す**ための大切なステップ。のどを傷めず、**腹筋を鍛える**ことができます。**内臓のマッサージ効果**もあり、ロングトーンにも**顔のたるみを食い止める効果**があります。

老け顔の解消
声が出やすくなる

ロングトーン

姿勢を正してリラックス
口から10秒間息を吐いて
鼻からたっぷり吸い込みます

に効く！
舌先を集中トレーニング。口を大きく開くため表情筋の運動にも。

舌先を歯ぐきに当てて音を弾き出す 難度高めの早口ことば

1つ目から、なかなか挑戦しがいのある、難しめな早口ことばを用意しました。次の2つのポイントをうまく連動しましょう。

最初のポイントは、口の動きです。この早口ことばは、母音で言うと「あおあおおあおあ」。どちらも口の空洞を大きくつくった状態で発声するので、**表情筋の運動**に。「あ」と「お」をはっきり区別して聞き取れるよう、意識して動かしましょう。表情筋が動きづらい人は、まず「あおあおおあおあ」と、母音だけをはっきりゆっくり発音する練習がおすすめ。

次のポイントは、舌先を歯の裏に当てる動作です。「だ」と「ど」では舌先を歯の裏に素早く当てて、破裂させるように音を弾き出し、「ぞ」「ざ」では舌先を歯ぐきに当てながら摩擦音を出します。よって、**舌の中でも特に舌先を鍛えられる**のです。

末光先生からの
Advice

表情筋を動かしづらい人は「あおあおおあおあ」から練習を

小顔音読 ❷

難度★☆☆

かているとうとう
るていか
×3

ココに効く！
舌根と、舌の中央部の内舌筋の運動に。口輪筋も鍛えられます。

小顔音読、初級編！
でも3回繰り返したら意外と難しい？

こちらの早口ことばは、いわば初級編です。

「か」は、舌の根元を鍛える発声。**落ち舌に関係が深いインナーマッスル・舌骨上筋群と外舌筋を使って舌の根元を後方に引き上げ**、上あごの喉彦（のどひこ）（いわゆる〝のどちんこ〟）周辺を閉鎖して一気に開放し、音を弾き出します。

次に「てぃ」では、舌先を前歯の裏で弾きながら舌の真ん中あたりを横に広げ、「る」で広げた舌を今度はギュッと縮めて前歯の裏を弾きます。この**連続して舌幅を変化させる動作は、内舌筋の運動**です。

そして「とぅ」で、口をすぼめて母音の「う」の口をつくりましょう。早口にこだわると、この「とぅ」がおざなりになりがちですが、小顔と深くつながる口輪筋を動かす大切な動作です。きんちゃく袋を絞るように、ぐっと唇を突き出してください。基本だからこそ、鏡を見ながら大きく口を動かしましょう。

末光先生からの
Advice

簡単だとつい、各音の発声が適当になりがち。気をつけて！

ががぎぎ かかぐぐ かかぎが

×3

ココに効く！
舌の根元を集中的に鍛えられます！ また、表情筋にも効果的。

か行&が行が連なる早口ことばで舌の根元を集中トレーニング!

こちらの小顔音読は、すべて「か行&が行」でできていて、**「舌の根元部分」を集中的に鍛えられる**ようになっています。

まず、舌の根元を後方に引き上げる。その舌で上あごの喉彦周辺(軟口蓋と呼ばれます)を閉鎖し、舌を一気に開放して音を弾き出す。それによって、「か行」の音が生まれます。舌の根元の筋力が低下していると、上あごを密閉したり、弾いたりする動作がうまくできず、明瞭な発音にならないわけです。

特につまずきやすいのが「かぐ」と「ぐか」の部分でしょう。母音で言うと「あ」と「う」の組み合わせで、口の開きが大きく変化します。そのため、**素早く、かつ大きく表情筋を動かさないと乗りきれません**。難しいと感じる人は、「あうあうあう」と、母音だけを繰り返し練習してみてください。

末光先生からの
Advice

濁音が並ぶ中に2音だけ清音が混ざり込むから難しい!

小顔音読 4

難度 ★★☆

ひやだひよ
ひゆひゆ
ひよだひや

×3

ココに効く！
舌の中央部分の運動に！ 表情筋もしっかり鍛えられます。

ひゃひゅひょの発音で外舌筋をしっかり鍛えよう

今にも笑い出しそうな早口ことば！「ひ」に「ゃ」「ゅ」「ょ」がついた、拗音（ようおん）がずらりと並びました。この音読で主に鍛えられるのは、舌の中央部分です。

まず**インナーマッスルである外舌筋を使い**、舌の中央部を上あごの硬い部位に向かって持ち上げ、舌と上あごの間に、細いすきまをつくります。そして、すきまに息を吹き込みながら発声すると「ひゃ」、「ひゅ」、「ひょ」の音が生まれるのです。普段はこれら一連の動きを無意識に行っているのだから驚きですね。

舌と上あごとのすきまは、広すぎると明瞭な音にならず、ぴったりくっつくと、音が出なくなる。**本当にちょうど良いすきまをつくるためには外舌筋が力を発揮**します。外舌筋は、舌を上下左右と、柔軟に動かすために必須の筋肉です。うまく発音できない人は、その筋力が下がっているのかも!?

末光先生からの
Advice

拗音は2つの母音の組み合わせ。特に「ひゅ」は表情筋をフル稼働！

小顔音読 5

難度★★☆

うにふり
りふにう

×3

ココに効く！
笑顔に欠かせない口輪筋と表情筋をこれでもか！と動かします。

口輪筋＆表情筋を鍛える早口ことば
笑顔に自信が持てるように！

笑顔って、正直苦手……。そんな人はぜひ、こちらの早口ことばを！

ポイントは、母音の「い」と「う」を繰り返す点です。笑顔の要（かなめ）となる筋肉は、**唇の口輪筋と、それにつながる表情筋**。具体的には、**口角を引き上げる口角挙筋（こうかくきょきん）や上唇を引き上げる小頬骨筋（しょうきょうこつきん）、上唇挙筋（じょうしんきょきん）**などです。試しに、「いういういう」と口に出してみてください。どうでしょう。唇と頬の筋肉がしっかり伸縮して効いている感覚がありますよね？

気をつけていただきたいのは、「う」「ふ」の「う音」と、「に」「り」の「い音」、それぞれの口の形です。「う音」のほうは、唇を上下均等にぐっと突き出すのがコツ。そして、「い音」は笑顔を意識して、真横ではなく斜め上に持ち上げるよう、意識しましょう。必ず鏡を見ながら**左右均等に行えているか**をチェックしてくださいね。

末光先生からの
Advice

両頬の横を手で包んで
軽く引き上げつつ音読しても◎

小顔音読 6

難度★☆☆

ちゅもみもちゅ みもみもちゅ ×3

ココに効く！
キリッとした口元づくりに欠かせない口輪筋トレーニングです！

口輪筋集中トレーニング、初級編！
まずは口輪筋を使う感覚をつかんで

ここから後半４つの小顔音読は、口輪筋集中トレーニング！　初級編からご紹介します。

鏡をチェックしましょう。「ちゅ」のとき、あごが梅干しのようにシワシワになっていませんか？　これは発声のときに口輪筋を使えていない証拠！　**口輪筋にかわってあごのオトガイ筋ががんばるので、収縮してシワになってしまう**のです。この間違ったやり方を続けると、オトガイ筋の使いすぎで梅干しジワが定着したり、果てにはあご先が割れたケツあご（！）になったりする可能性もあります。

特に、普段から口がポカンと開きがちという人は、**口輪筋を使って発音する感覚**を身につけましょう。どうしても梅干しジワが出る人は、あごに指を置き、くるくる円を描くようにマッサージしてゆるめつつ、唇だけを絞って「ちゅ」と言えるよう練習しましょう。

「ちゅ」の発声がポイント

唇を上下均等に突き出して

小顔音読 7

難度★★☆

ぼぱるばぼ
ばるぱぱぼ
×3

ココに効く！
唇フル活用で口輪筋トレに。また、表情筋もしっかり動かせます！

口輪筋集中トレーニング、中級編❶
唇をポンッと破裂させて発声しよう

口輪筋集中トレーニング中級編です。上下の唇を閉じ合わせ、勢いよくポンッと破裂させて発声する音、「ぼ」「ぱ」「ば」を並べました。唇まわりの口輪筋をしっかり使い、ハキハキ発音することを意識してください。

口輪筋がたるむと、口角が下がってほうれい線が目立つだけでなく、鼻の下がたるんで、唇の立体感とハリが失われます。これを解決する飛び道具が、唇へのヒアルロン酸注射ですが、そこまでしなくても音読や3章の舌トレで、十分、改善に向かいます。

最後に、1つ注意してほしいのが「ぱ」と「ば」の発音。これらは、母音で言うと「あ」なので、唇を合わせた後に、グッと大きく口を開けて発声する必要があります。ここをサボってしまうと、表情筋の動きが小さくなって効果半減です。**1音1音をはっきり言い分けるように発声**すれば、おのずと効果も上がりますよ。

末光先生からの
Advice

「ぱ」と「ば」の「あ音」では
グイっと表情筋を斜め上に！

小顔音読 8
難度★★☆
ぶみむび
びむみぶ
×3
ココに効く！
口輪筋はもちろん、「う音」と「い音」で表情筋もしっかり運動！

口輪筋集中トレーニング、中級編❷
「う音」&「い音」で表情筋も忙しい！

さて、口輪筋集中トレーニングも3つ目。今回の音読は、上下の上唇を閉じ合わせて一気に破裂させる発声の連続です。**はっきりくっきり発音して、口輪筋にビシバシ効かせましょう！**

加えて小顔に効果アリなのが、「う音」と「い音」が連なる点です。

「う音」では、鼻の下をぐっと伸ばしながら、巾着(きんちゃく)を閉めるようにして唇を上下均等に突き出しましょう。口輪筋のかわりにオトガイ筋ががんばって、あごが梅干しジワになっていませんか？

「い音」では、口を、真横ではなく斜め上に向かって引き上げます。同時に頬もグッと上がっていますか？

この2つのポイントを意識しながらスラスラ音読するのは、なかなか簡単ではないはず。**まずはゆっくりと、慣れたらだんだん加速**していきましょう。

末光先生からの
Advice

口先だけで音読しても効果半減
表情筋もしっかり動かして！

小顔音読 9

難度★★★

ばにゅ
ぽみゅみゅ
ぽにゅば
×3

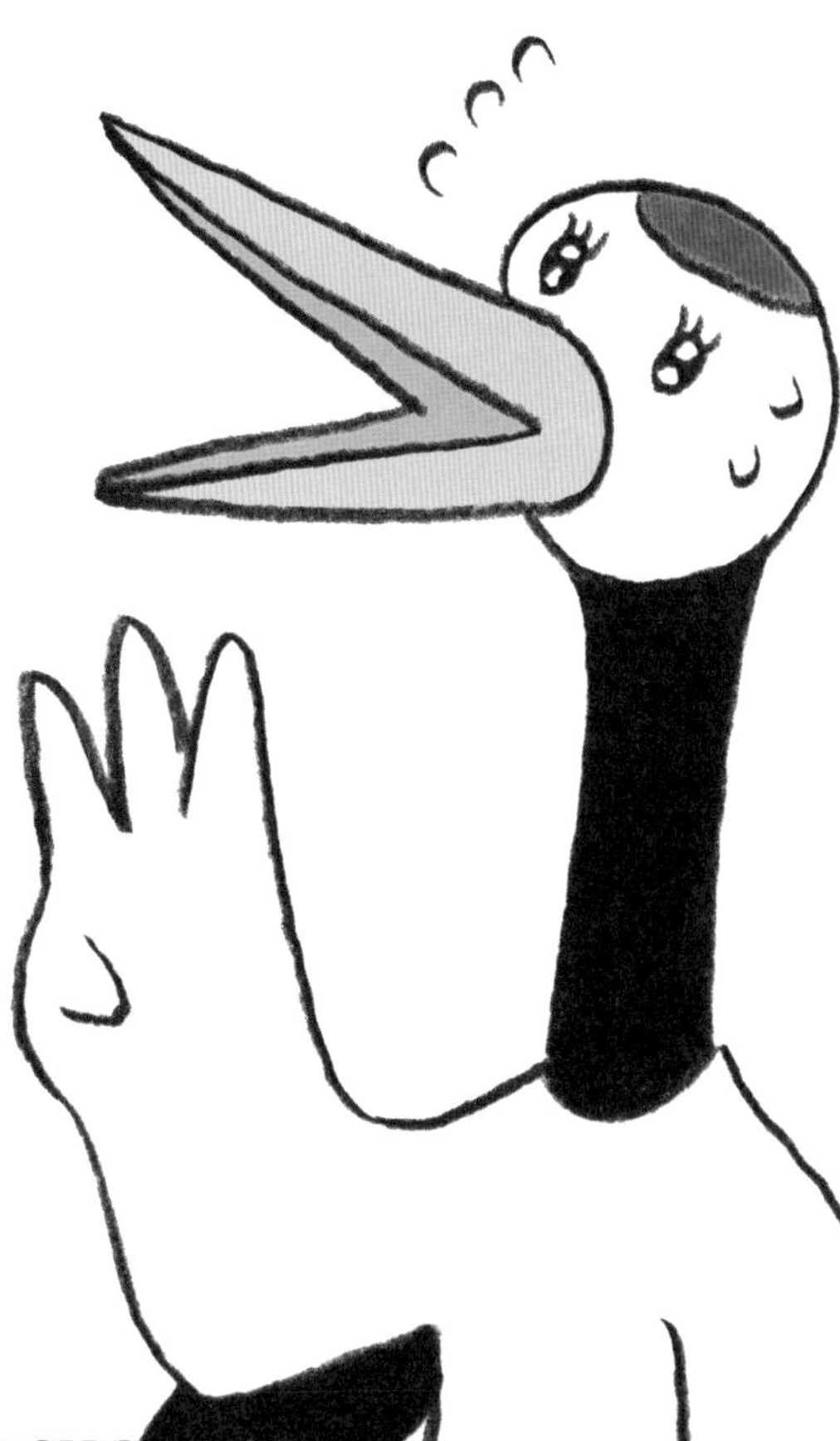

に効く!

小顔に欠かせない口輪筋も舌も表情筋も、しっかり動かします!

口輪筋集中トレーニング、上級編！
舌も表情筋も！ 小顔音読、総仕上げ

いよいよ、口輪筋集中トレーニングも上級編。今回は**口輪筋だけでなく、舌の筋肉も表情筋もはたらかせる、**ラストにふさわしい早口ことばをご用意しました！

まず「ば」「ぽ」、そして「みゅ」はこれまでに何度もご説明した、上下の唇を閉じ合わせて一気に破裂させて出す音。口輪筋をしっかり動かして行う発声です。

そして、「にゅ」、「みゅ」では、小さな「ゅ」、つまり拗音をはっきり発声するために、外舌筋をはたらかせて舌の中央部分を持ち上げる動作が入ります。拗音の発声方法は43ページで詳しく説明しましたね。

母音をチェックすると、頭と終わりの2音が「あう／うあ」で口の開きの落差が大きい。ここでサボらず、グッと表情筋を動かして、きっちり各音を言い分けましょう。

小顔に欠かせない、口輪筋にも舌にも表情筋にもアプローチ。まさに、小顔音読の集大成です。

末光先生からの
Advice

**あごを指で、クルクルゆるめて
梅干しあごを防ぎつつ音読を！**

参考：「リハビリのための発音（構音）訓練マニュアル」（口腔・咽頭がん患者会 https://cancer-of-h.jimdofree.com/）

Column

うまく音読できない！その理由は？

舌小帯が短い

舌の裏のひだが短い、「舌っ足らず」な状態。舌の動きが制限されるため発声しづらい。

落ち舌

落ち舌で舌の筋力が低下していると、舌を滑らかに動かせず、ハキハキと話せない。

小顔音読がうまくいかない原因には、2章でお伝えした通り、落ち舌、つまり舌の筋力低下や口輪筋、顔の表情筋の衰えなどがあります。ここでは詳しい原因を、さらに3つご紹介しましょう。

まず1つ目は、生まれつき舌の裏のひだ、**「舌小帯」が短い**場合。いわゆる「舌っ足らず」の状態で、舌の動きが制限されて、発声しづらくなります。また、落ち舌にもなりやすいでしょう。

そして2つ目は、口輪筋を中心に

口輪筋の衰え

口輪筋が衰えていると、唇を閉じ合わせて破裂させる「ぱ行」や「ば行」などが苦手に。

かみ合わせがズレている

歯のかみ合わせが悪いと、口の中で音をうまく響かせられず、不明瞭な発声になりがち。

無力唇

唇が閉まらなくなると、空気がもれて声が不明瞭に。唇を使う「ぱ行」なども難しくなる。

顔の下半球全体の筋力が低下し、**唇が閉まらなくなる「無力唇」**です。空気がもれて発声が不明瞭になり、特に、ぱ行、ば行、ま行など唇の力がマストな発声が困難になります。歯のかみ合わせや骨格にも悪影響が。

3つ目は、**歯のかみ合わせ**に問題があり、口の中で音をうまく響かせられない場合。例えばガチッとかんでも上下にすきまができる「オープンバイト」では、常に歯のすきまから空気がもれて発声が不明瞭になります。

これら3つは、すべて医療の領域です。セルフケアでは改善が難しいので、ぜひ専門医にご相談ください。

小顔音読は1日のうちで
いつ行うのがおすすめですか？

Answer

いつ行ってもらってもOK！
続けやすいタイミングを見つけて

小顔音読は、日常生活のどのタイミングで行ってもらってもかまいません。取り入れやすそうだと思ったタイミングで始めてみてください。

朝起きてすぐに音読。寝ぼけた頭をシャッキリさせるため、目覚ましがわりに使う。

毎食後の歯みがきを終えたら、セットで音読。すでに身についた習慣に組み合わせると、継続しやすい。

仕事の休憩時間に、人の少ない休憩室で、マスクのまま声を出さずに音読。仕事に集中して、いつの間にかこわばってしまった表情筋をゆるめる効果も。

寝る前に音読。舌の筋肉や表情筋をストレッチしてリラックス。睡眠の質も向上します。

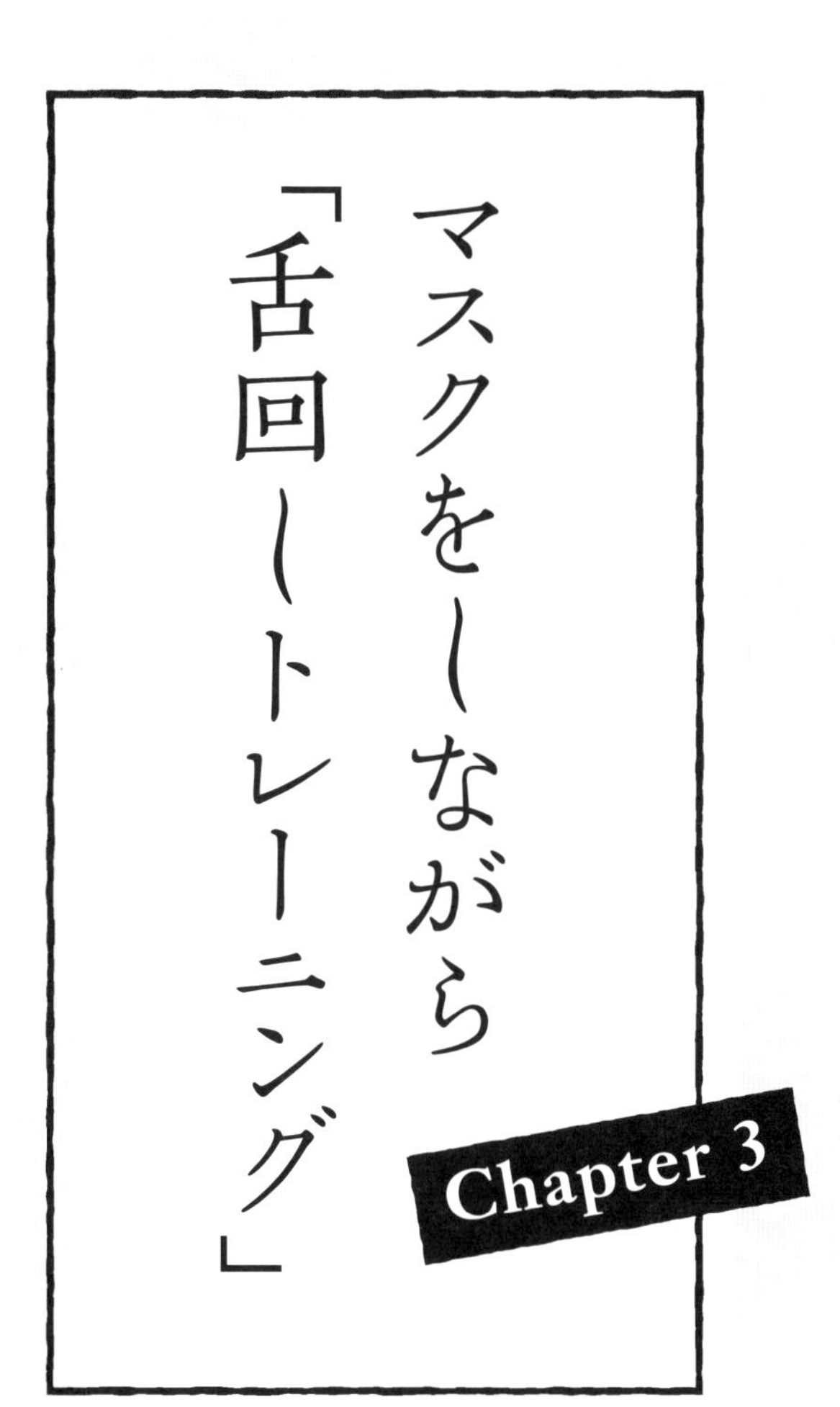

Chapter 3

マスクをしながら「舌回しトレーニング」

Chapter 3

なぜ「舌回し」トレーニングが必要なの？

大切なことなので何度もお伝えしますが、舌はほぼ筋肉でできています。そして、落ち舌は舌骨上筋群と呼ばれるインナーマッスルの筋力低下が主な原因でした。そこで「筋トレ」の出番です。

舌の筋肉は、腹筋や背筋同様、自分の意思で動かせる「随意筋（ずいいきん）」の仲間。自分の意思では動かせない「不随意筋（ふずいいきん）」とは異なり、**何歳からでもトレーニングによって鍛えることができる**のです。

1章で詳しくご説明した通り、**落ち舌が改善すれば、いいことづくめ**。すっきりとしたフェイスラインの小顔に近づくうえ、口角もキュッと上がり、ほうれい線も薄くなって美しい口元が手に入ります。

健康面でも口呼吸が改善し、免疫力がアップして細菌・ウイルス感染を遠ざける効果を期待できるし、唾液の分泌も増えるため、虫歯や口臭も改善されます。いびきなどに悩まされない質の良い睡眠を手に入れる鍵も、落ち舌改善にありました！

すきま時間を狙ってマスクの下で
こっそり舌回しトレーニング！

トレーニングの最新理論
たったの約2分でなぜ高効果？

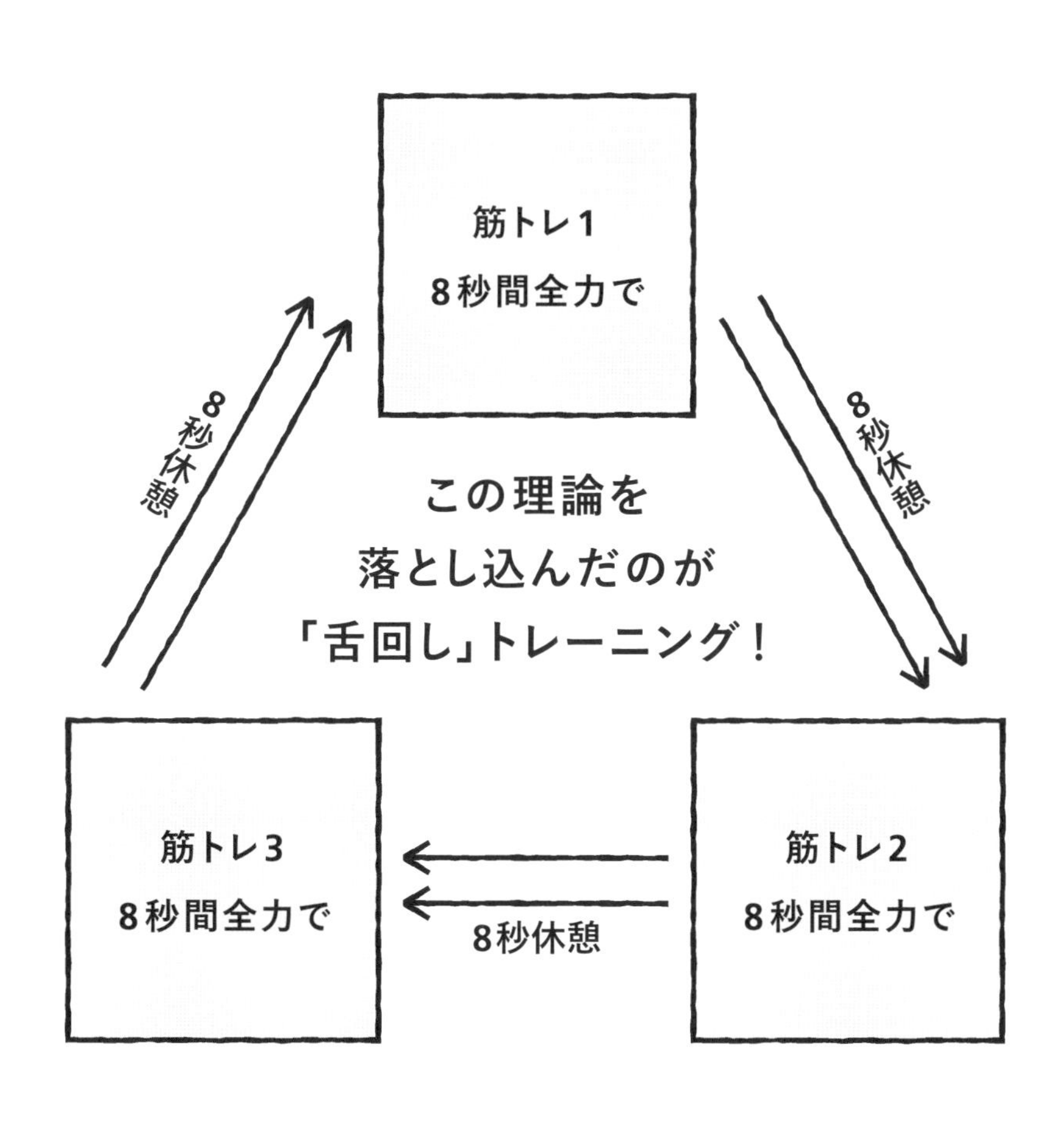

➡ P.64へGO!!

舌のクセを矯正すれば見た目も変わる

正しい舌のポジション、それは上あごに舌全体がべったりと貼りついている状態でしたね。このとき舌先は、上の前歯の歯ぐき裏にある小さな出っ張り、**「安静空隙」**と呼ばれる2、3ミリ程度のすきまが保たれています。

このような正しい状態を維持できない人の多くが、間違った「舌のクセ」を持っています。代表的なのは、ご存じ、落ち舌です。医学的には**「低位舌」**と呼ばれる症状で、力の抜けた舌が下あごにダラリと置かれてしまいます。

さらに、落ち舌のまま舌を上下の歯で軽くかむ**「咬舌癖」**がある人もいます。この状態が何年も続くと、上下の歯をかみ合わせても常にすきまができてしまうオープンバイト（55ページ参照）に。すると、見た目だけでなく発声にも問題が生じます。また舌の片側だけをかむクセのある場合は、あごの発達が左右非対称になって口がゆがんだり、輪郭がくずれたりしてしまうケースも。

また、舌をかむほどまでいかずとも、舌先で歯を内側から押す**「舌突出癖」**

がある人もいます。この場合は、歯に裏から力をかけ続けることで歯並びが悪化しやすく、上の歯なら出っ歯に、下の歯なら受け口になってしまうでしょう。

さらに、間違った舌のクセは、食べ方に隠れているケースもあります。

1章でもご説明した通り、落ち舌の人はたいてい食べ物を飲み込む「嚥下」が得意ではありません。人間は、食事をするとき、舌で口の中の食べ物を集め、舌をウェーブのように動かしながら物をのどの奥に送り込むのですが、落ち舌で筋力が低下していると、その一連の動作を上手にできないのです。

かわりに身についたのが、舌先を上下の歯の間から押し出すようにして飲み込む**「異常嚥下癖（いじょうえんげへき）」**です。1日3食、毎回歯の内側から力をかけ続ければ歯並びへの影響はまぬがれないでしょう。ある調査によれば、対象者の3割程度もの人にこのクセがあったという結果が出ました。しかもその異常は、嚥下が苦手になる高齢者だけではなく、10代の若者にも見られたということです。

このように、間違った舌のクセは、見た目だけでなく、健康への悪影響も大きいもの。でも、ご安心ください。これらのクセも、舌回しトレーニングを続ければちゃんと改善することができます！

舌回しトレーニングを続ければ
クセも改善するので、ご安心を！

全力で行い、全力で休む！

1回8秒（＋8秒休憩）×8回

舌回しトレーニングにチャレンジしよう

それでは、さっそく舌回しトレーニングを始めましょう！

このトレーニングは、筋トレなどのスポーツトレーニングに着想を得て考案したものです。**舌も筋肉でできているので、当然筋トレは有効。**また、どこの家にもあるものを使ってできるので、いつでも0円から始めることができます。

ポイントは「全力で動いてしっかり休む」。**筋トレは、ダラダラやっても効果がありませんし、難度が高すぎるとどこに効いているのかわからず、効果も半減**します。

舌トレも同じです。そのため、たった6種類の、どれも単純な動きをご用意しました。1種目およそ2分程度で、全部行っても12分。全部やらなくても、**自分が望む効果からトレーニングをピックアップ**してもらってもかまいません。

グッと集中して行って、確かな効果を手に入れましょう。

全力で回して全力で休む！
これが「舌回しトレーニング」

全部やっても 12〜13分	たったの 週2回
全力べろ引っ込め　8セット 約2分	スプーン相撲1　8セット 約2分
⇄ 休憩8秒	⇄ 休憩8秒
あっかんべー　8セット 約2分	スプーン相撲2　8セット 約2分
⇄ 休憩8秒	⇄ 休憩8秒
上あご押し　8セット 約2分	全力歯ペロ　8セット 約4分
⇄ 休憩8秒	⇄ 休憩8秒

舌回しトレーニング❶

【時間と回数】
8秒
⬇⬆
休憩8秒
✖
8回

【おすすめ頻度】
週2回

舌っ足らずでお悩みの人に

スプーン相撲1

STEP 1

スプーンは、食べ物をすくう面を自分側にセット。舌を軽く突き出します。

STEP 2

スプーンの押す力に逆らい舌先でスプーンの面を押し返して、対抗！

【時間と回数】
8秒
⇅
休憩8秒
×
8回

【おすすめ頻度】
週2回

スプーン相撲2

口呼吸・口ポカーンを鼻呼吸に

全力！

STEP 1

舌に、スプーンの裏（食べ物をすくうほうとは逆）をしっかりと押し当てる。

STEP 2

スプーンを押し当てたまま舌を口の中にしまい、全力でスプーンを押し上げます。

【時間と回数】
片回り8周
⬇⬆
休憩8秒
✖
4回

【おすすめ頻度】
週2回
歯の表裏を両回り

歯ペロ運動

フェイスラインを引き締めたい人に

STEP 1

舌で歯の表を1本1本触ります。
上の歯⬇下の歯、あるいは
下の歯上⬇上の歯でも。

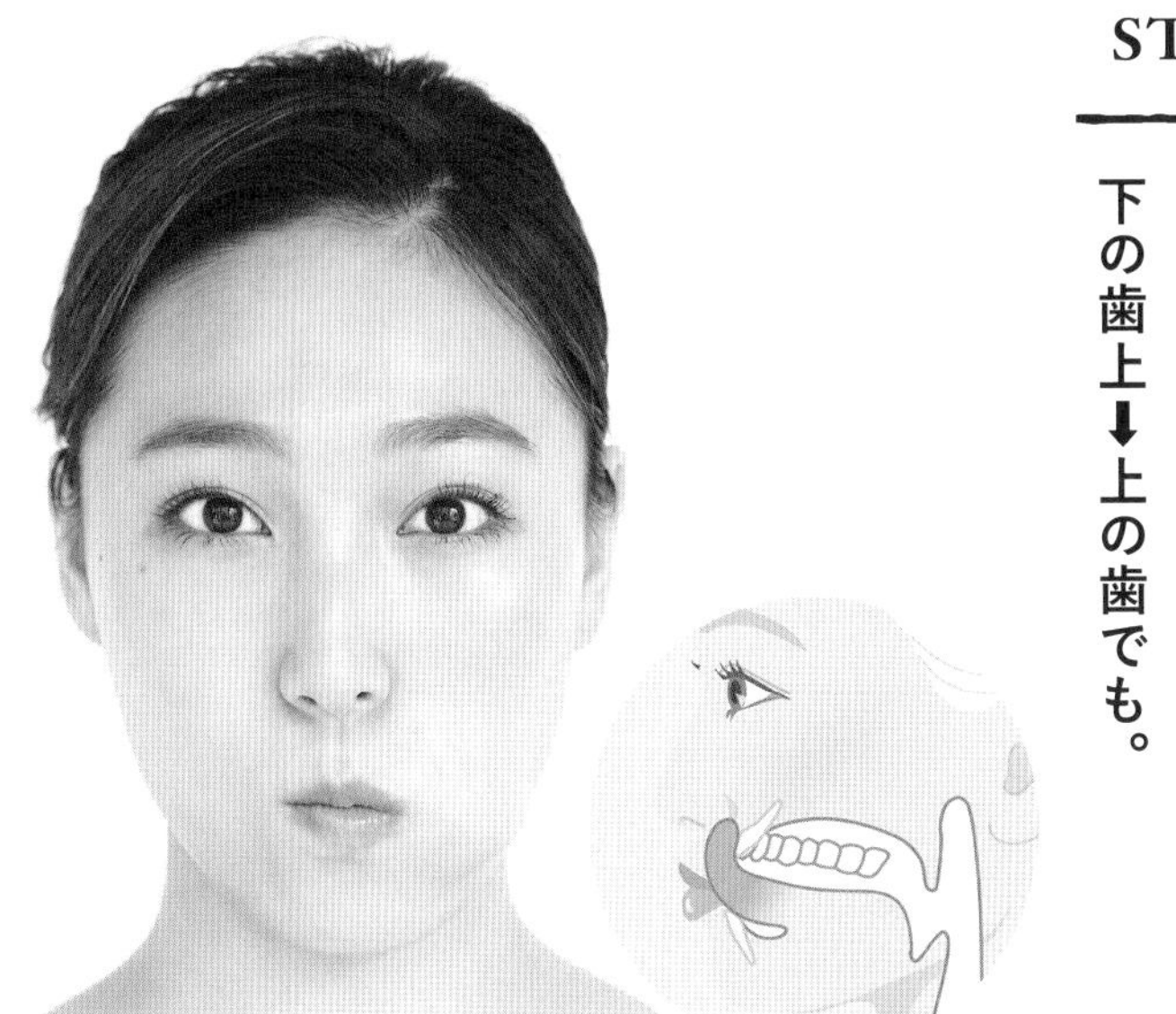

STEP 2

8周したら、今度は歯の裏へ。
こちらも、舌で1本1本
触っていきます。

【時間と回数】

8秒
↓↑
休憩8秒
×
8回

【おすすめ頻度】

週2回

低位舌の解消、落ち舌対策に！

べろ引っ込め

舌先を切歯乳頭に添えたら
全力で舌を奥に引っ込めます。
8秒1セット。

末光先生からの
Advice

引っ込めるとき口元まで力んでいませんか。舌だけでファイト！

【時間と回数】
8秒
各4秒で舌を出し入れ
⬇⬆
休憩8秒
✖
8回

【おすすめ頻度】
週2回

あっかんべー

あご下のハンモック引き締めに！

全力！

STEP 1

舌をこれ以上出せない！
というくらい、限界まで、
全力でグッと出します。

STEP 2

今度は逆に、口の中で舌を
限界まで引っ込めます。
これを4秒ずつ繰り返す。

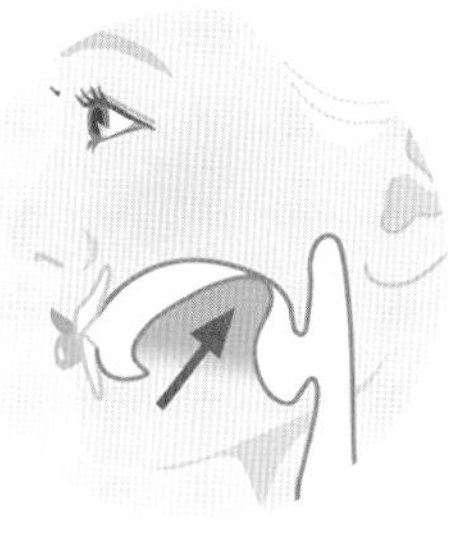

【時間と回数】
8秒
⬇⬆
休憩8秒
✖
8回

【おすすめ頻度】
週2回

上あご押し

顔全体のリフトアップに！

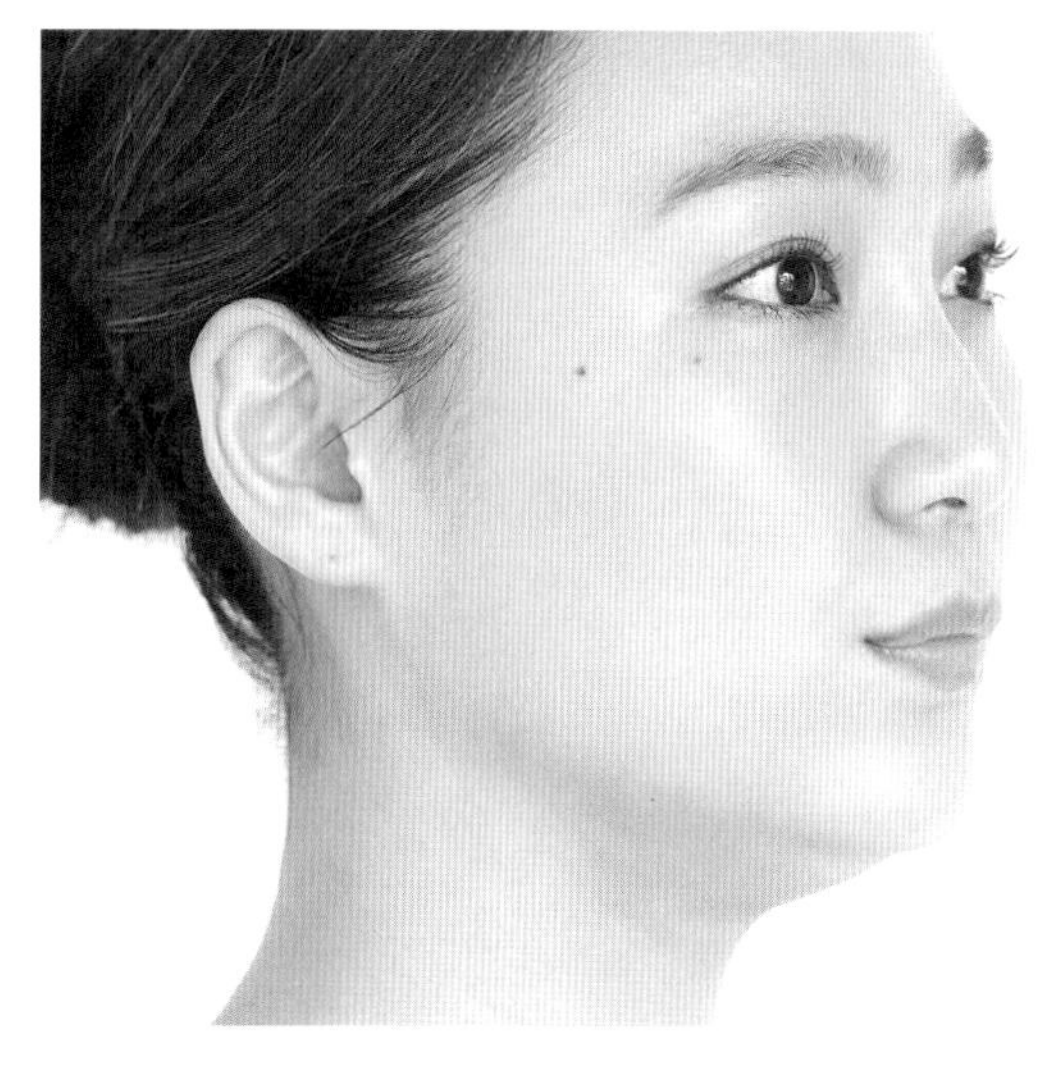

舌全体で上あごを
8秒全力で押し、8秒脱力。
この動作を8回繰り返します。

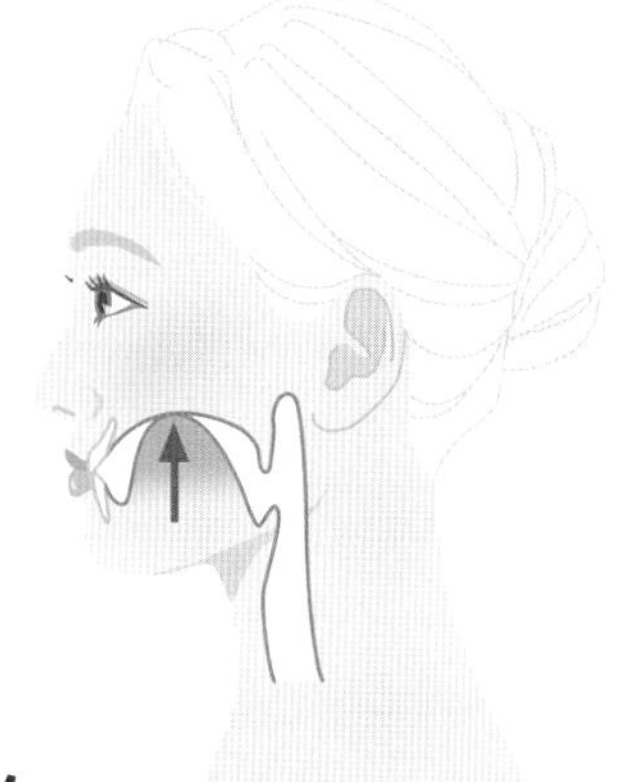

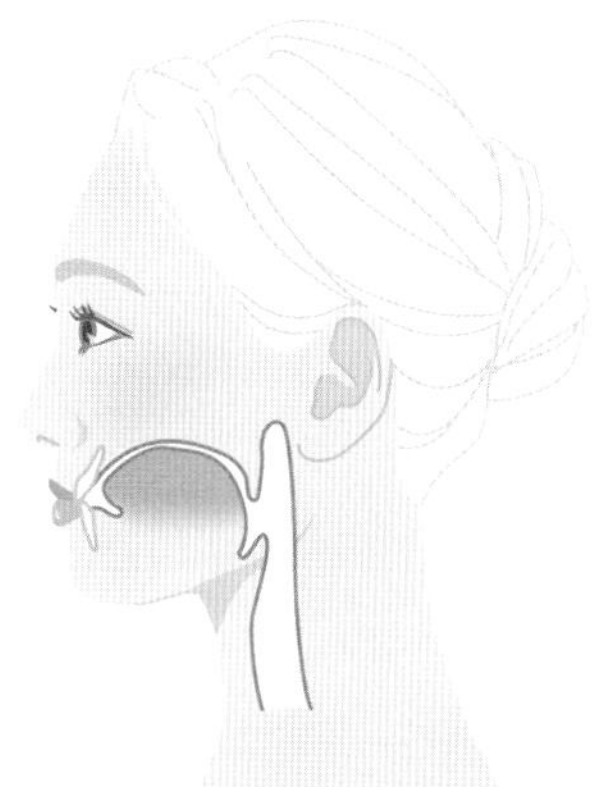

末光先生からの
Advice

舌が上あごからはずれないよう
舌全体でべた〜っと押し込んで

小顔音読と舌回しトレーニング。
どれから始めたらいいか、
迷ってしまいます。

顔のリフトアップおよび小顔効果には表情筋（特に口輪筋）を鍛える小顔音読が、とにかく落ち舌改善！　ならば舌をダイレクトに鍛える舌回しトレーニングが、それぞれおすすめです。

ただ、理想的なのは、少しずつでも両方行ってもらうこと。なぜなら、かたよりすぎると、歯並びに悪影響を及ぼすことが考えられるからです。

そもそも歯は、唇（口輪筋）と舌との間に挟まれており、外側の口輪筋と、内側の舌の筋肉の2つの力がちょうどバランスのとれる位置に並んでいます。ですから、どちらか一方の力が強すぎると、そのバランスがくずれて歯並びが悪くなる場合があるのです。

とはいえ、それはやり込んだ場合のことなので、考えすぎず、気楽にチャレンジしてみてください。

メリットに合わせて選んでOK
ゆくゆくは両方行えたら◎

Chapter 4

顔のコリスポットを流す！「小顔ほぐし」

Chapter 4

顔にもコリがある！ ピンポイントでゴミスポットをほぐす

ここまで、小顔音読、舌回しトレーニングと、舌や顔まわりの筋肉を鍛える方法をお伝えしてきました。ただ、いくらマスク生活であまり使わなくなったとはいえ、顔も毎日の生活で少々お疲れの状態。**疲れれば、舌はもちろん、顔の筋肉もコリ固まってしまいます**。

え？ 顔にコリなんてあるの？ そう思われるかもしれません。ですが、そもそも**コリとは、筋肉がコリ固まった状態**。筋肉のあるところは使いすぎれば、顔であろうとコリが生まれます。また、逆に、座り姿勢でずっといると肩や首がこるように、使わなすぎてもコリが生まれます。つまり、落ち舌で口がポカンと開いてしまう口呼吸の人は使わなすぎる口輪筋や表情筋が、歯を食いしばるクセや片側の歯ばかりでかむクセのある人は、使いすぎてしまう咬筋などが、それぞれコリ固まってしまうというわけです。

さて、筋肉がコリ固まると、リンパ液や血液の流れが悪くなってしまいます。そもそもリンパ管や静脈には動脈における心臓のようなポンプがなく、まわり

「小顔ほぐし」のカギは、
リンパ管の関所、リンパ節ほぐし！

の筋肉によって緩やかに流れをつくっています。そのため、**筋肉がコリ固まってしまうと、リンパ液や血液の流れが滞ってしまう**のです。

リンパ液や静脈を流れる血液は、体内を循環して老廃物などを回収する大切な役目を担っています。そのため、流れが悪くなると余分な水分や老廃物が回収されずに体のあちこちにゴミが残ったような状態に。リンパ液や血液の滞りは顔や手足のむくみやたるみに直結します。

そこで、この章では、**実際に私が医院で施術をしている「小顔ほぐし」**をお伝えしていきたいと思います。

この「小顔ほぐし」は、できれば最後に、口の中に手を入れて歯ぐきや頬の内側もほぐしてほしいと思います。ただし、コロナ禍の現在、手をしっかり洗って、消毒して行っていただきたい。できればお風呂で、全身洗ってからがベストです。ただし、口の中や顔を直接ほぐしても、老廃物が流れない＝リンパ管が詰まっていたら意味がありません。そのため、**顔まわりに関わる大きなリンパ節を開けながら、同時にコリをほぐしていきます**。歯科医師が考案した最適な順番で、「小顔ほぐし」をお伝えしていきます。

鎖骨下のリンパ節ほぐし

さあ、小顔ほぐしを始めましょう。これからご紹介する一連の流れは、いつ行ってもOKです。私自身は毎晩のお風呂での習慣です。ぜひ続けやすいタイミングを見つけてください。

さて、**最初に滞ったリンパ管の「元栓」を開きましょう**。元栓とは、鎖骨下にある大きなリンパ節。頭部をふくめた全身のリンパ液は、最終的にここ鎖骨下に集まって静脈へと流れ込みます。まさに最大の要所！　小顔のためだけでなく、リンパ液の流れを改善するためにも、まずはここをほぐしましょう。

【回数】

左右各**10往復**

このあたりに
大きなリンパ節が！

鎖骨下には、頭頸部をめぐるリンパ液が最終的に集まる大きなリンパ節があります。

軽く握って
関節の部分でほぐす

末光先生からの
Advice

内から外側に向かって
ぐっと押し出すようにほぐしましょう

首のコリほぐし

鎖骨下をほぐしたら、次は首のコリをほぐしましょう。

首には太いリンパ管や大きなリンパ節が集中しているため、筋肉がコリ固まると、首から上に流れるリンパ液の流れが滞ってしまいます。スマホの普及によって近年増加している**「ストレートネック」の改善にもおすすめ**。夕方になるとたびたび肩コリや頭痛に悩まされる人は、ぜひ試してみてください。

このタイミングで余裕のある人は、首を左右に倒して肩と首の横側を伸ばすストレッチを加えると、より効果的です。

【時間と回数】

5秒

✖

3セット

頭を前に倒し、
首の後ろを触ってみてください。
一番出っ張っている骨を確認します。

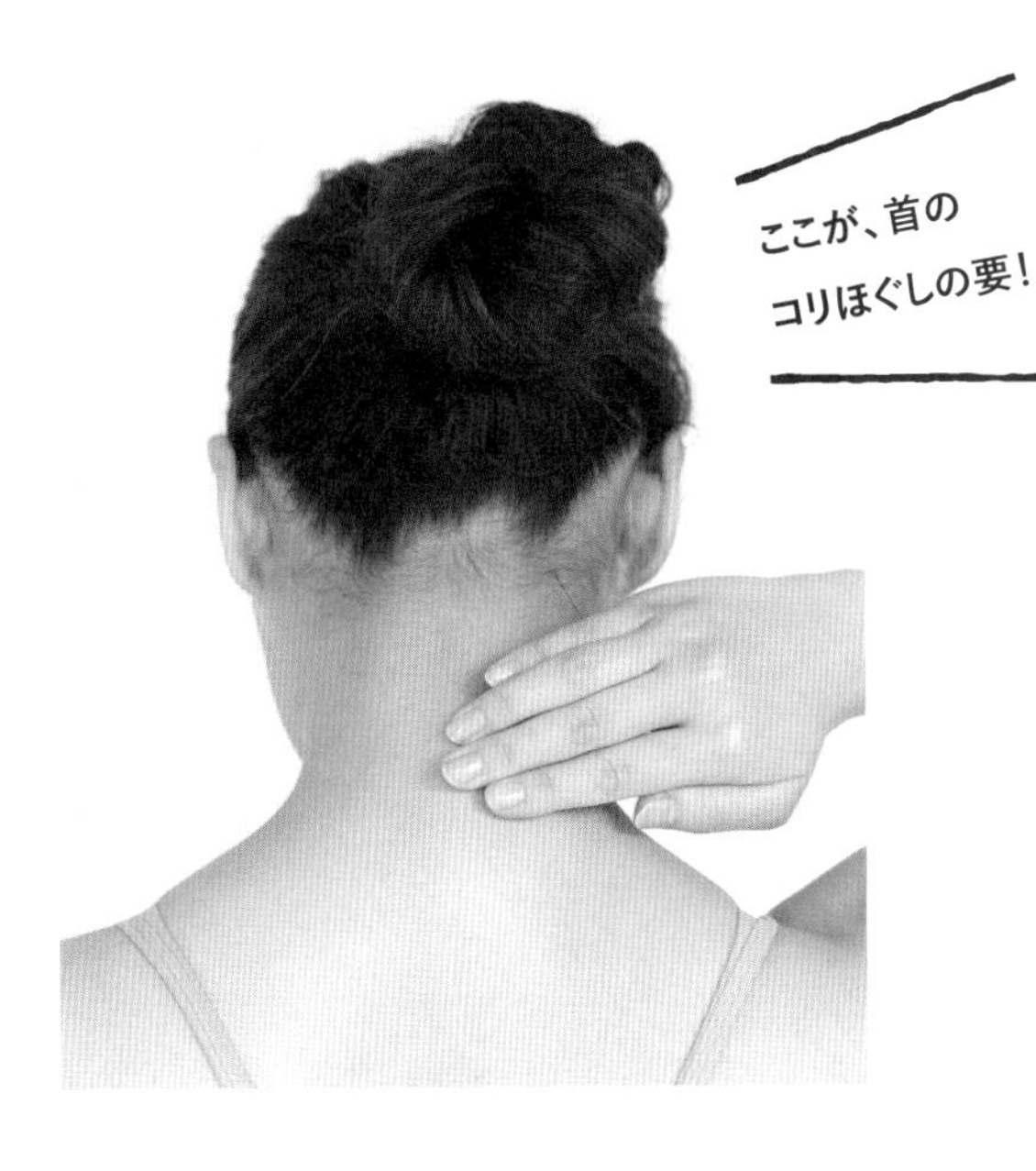

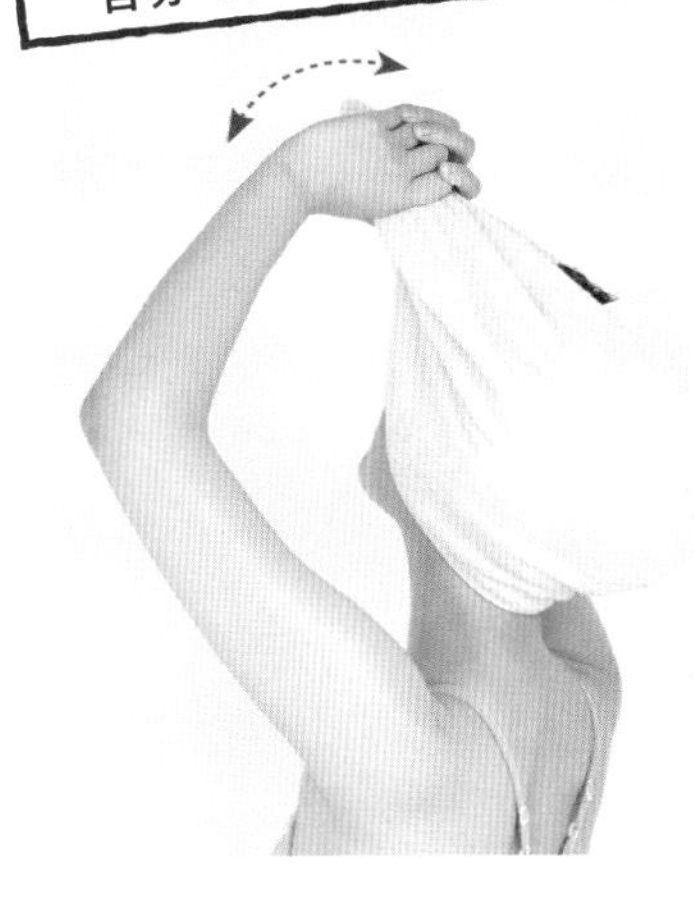

後頭部全体をフェイスタオルで覆い、
タオルの先を持って
首の骨を軽く揺らします。

※実際に行う際はあお向けに寝て行ってください。

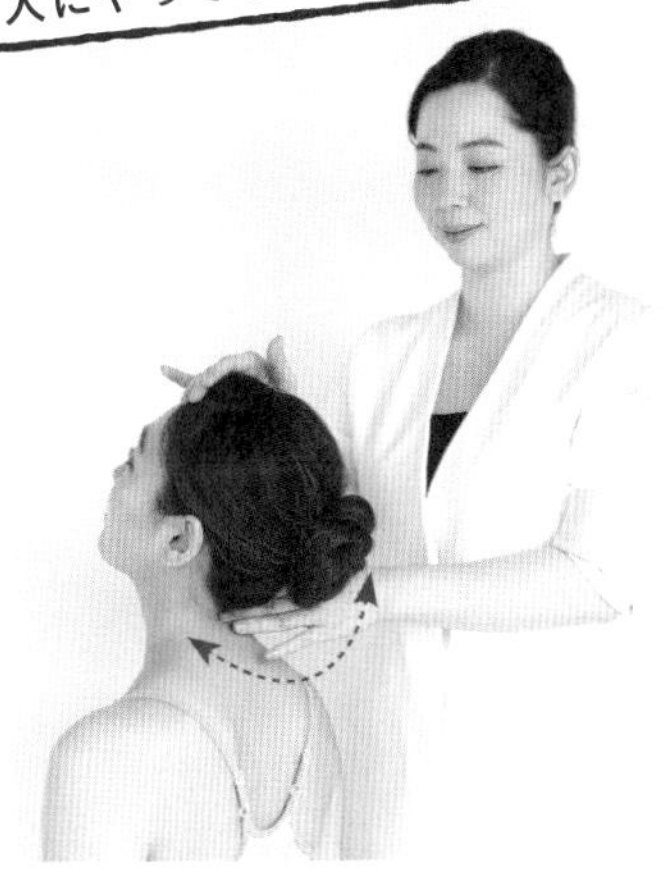

額を押さえて
一番出っ張っている骨を中心に
軽く左右に揺らします。

側頭筋（そくとうきん）ほぐし

首がほぐれたら、次は頭にいきましょう。ここでほぐすのは、**「側頭筋」と呼ばれる、かむ動作で使われる筋肉**です。

こめかみのあたりに手を置いて、何度かかみ合わせてみてください。ピクピクと動く筋肉があるでしょうか？　この大きな筋肉が側頭筋。集中しているときや睡眠時に食いしばるクセのある人は、ここが特にコリ固まっているはずです。

側頭筋は、顔を引き上げる筋肉との関係も深く、目の下のゴルゴラインやほうれい線、頬のたるみ改善にも効果的です。

【回数】

3カ所・各5秒回す

✖

3セット

STEP 1

かみ合わせたときに動く
“こめかみ”を
てのひらの下のほうを当てて、
グリグリとほぐします。

Side

STEP 2

手の位置を
後ろに少しズラします。
耳の一番高いところの少し上を、
STEP1と同様、ほぐします。

STEP 3

最後は、耳の後ろです。
骨がありますが、この後ろ側を
3本の指でほぐします。

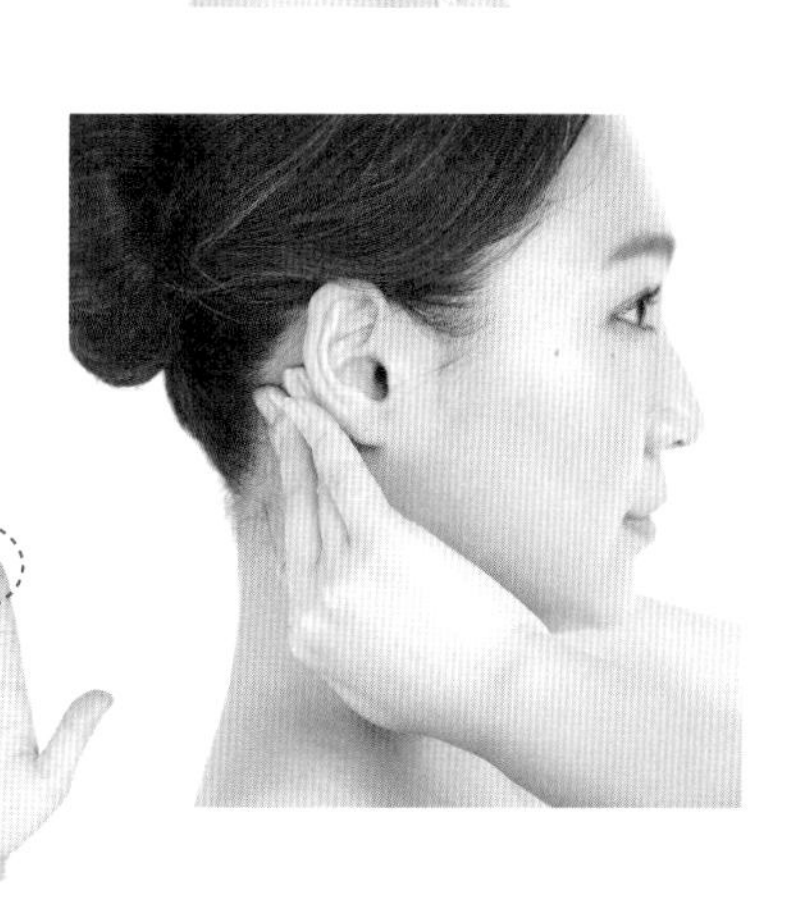

耳下腺ほぐし

頭をほぐしたら、今度は耳です。耳にも大きなリンパ節が2つあります。前側は**耳下腺リンパ節**、後ろ側の出っ張った骨あたりにあるものは**乳突リンパ節**と呼ばれます。この2つを同時に刺激するため、耳をひとさし指と中指の間に挟んでグルグル回しましょう。

耳がほぐれたら、そのまま耳裏から鎖骨に流れる**「胸鎖乳突筋」**を手でさすり下ろします。この胸鎖乳突筋にも首のリンパ節が集中するため、しっかり流すことが小顔づくりの要です。

【回数】

耳下腺ほぐし5回回す

⬇

胸鎖乳突筋を流す

✖

5セット

STEP 1

右の耳を右手、左の耳を左手のひとさし指と中指で挟み、円を描くように回します。

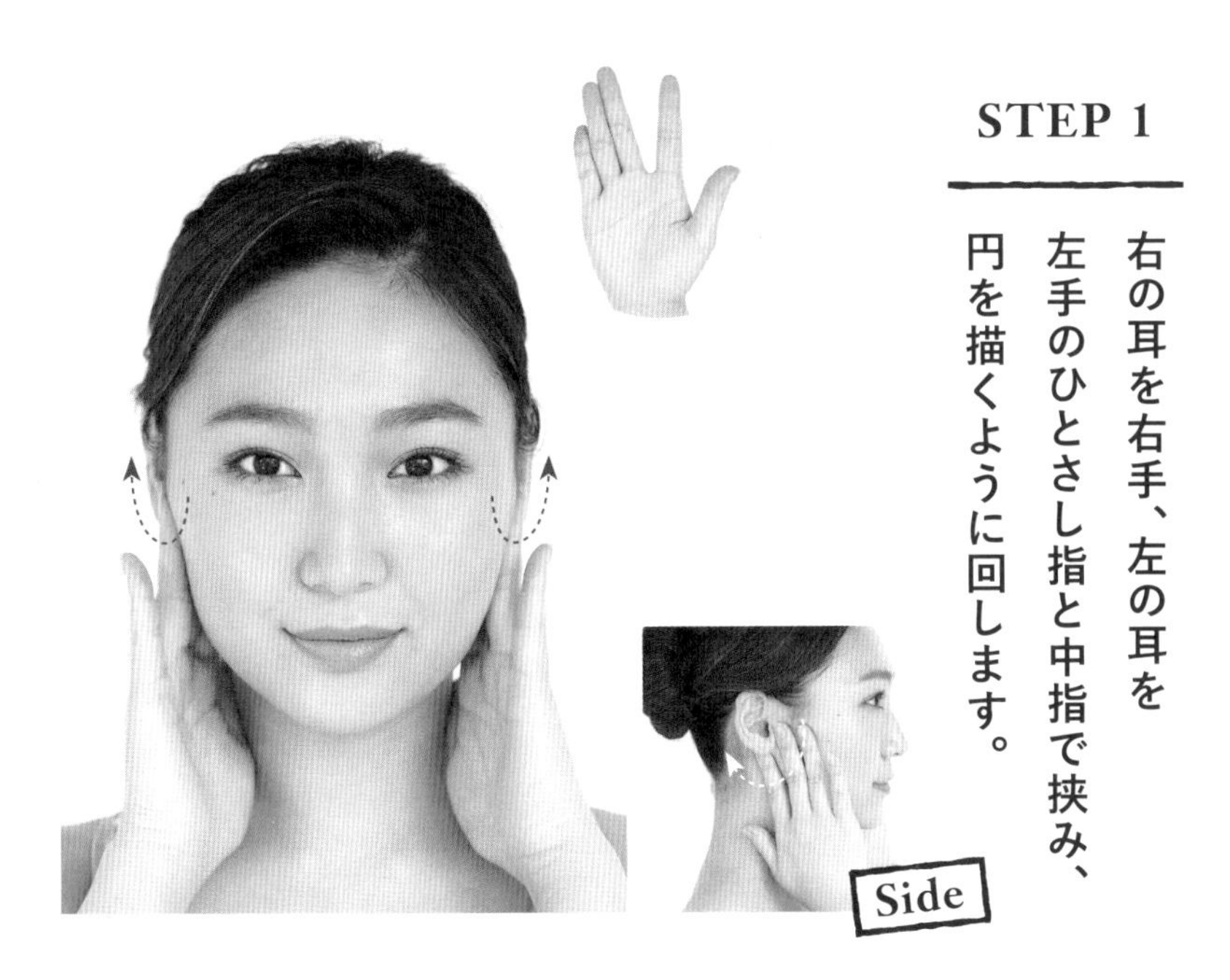

STEP 2

5回回したら、そのまま首筋に沿って、鎖骨上のくぼみまでなで下ろします。

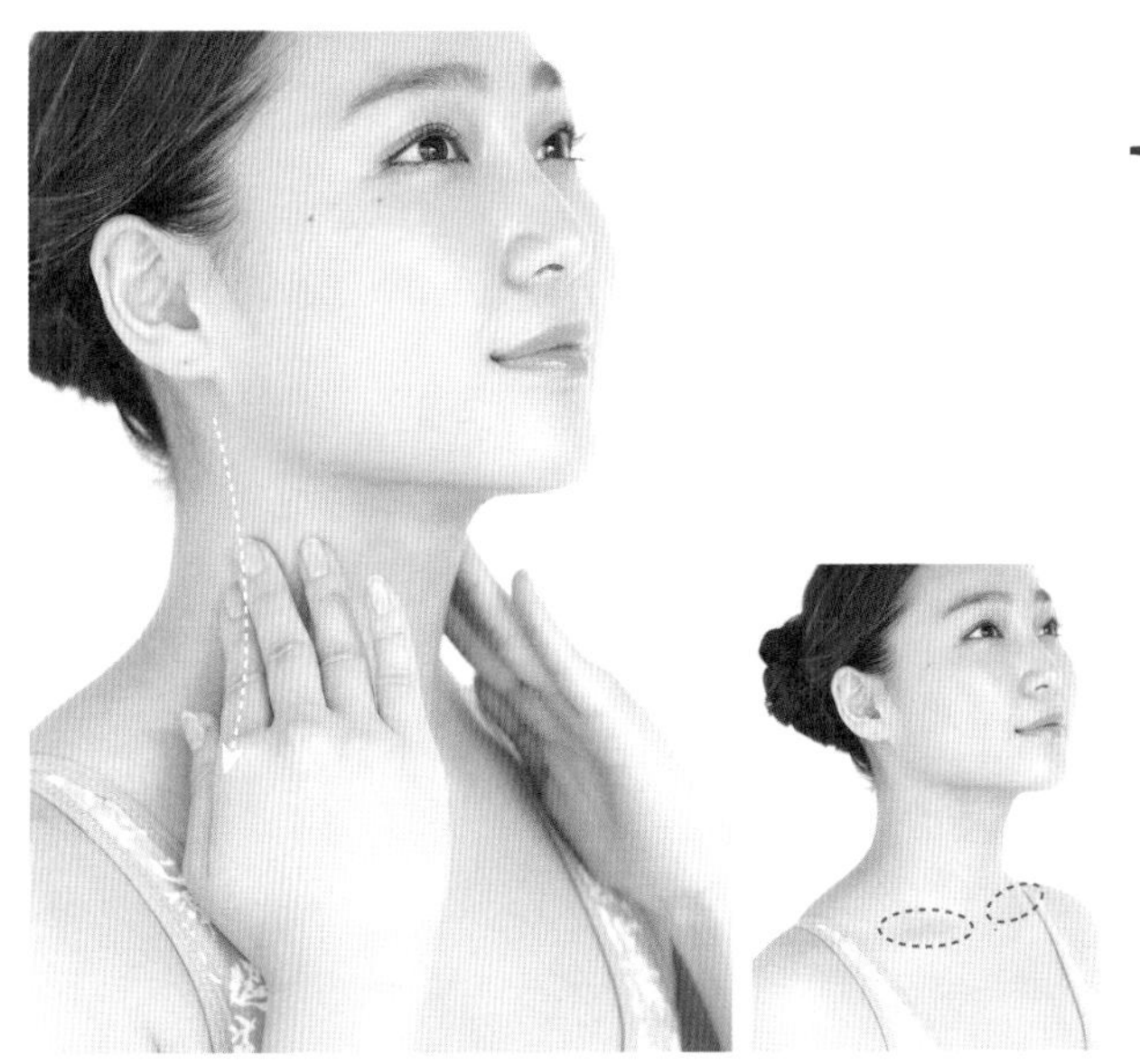

かみ合わせのエラほぐし

次に、かみ合わせの筋肉として、最もがんばってしまいやすい「**咬筋**（こうきん）」をほぐしましょう。側頭筋と同様、食いしばりのクセがある人や、片側ばかりでかむクセのある人は、咬筋がコリ固まっているはずです。ほぐすと痛みを感じるほど、こっている人もいるでしょう。

ほぐす際は、まずエラの上から行いましょう。次に頬の下の部分をほぐして、最後にエラの後ろに回り込んだ部分も行います。

こうやって**咬筋全体をまんべんなくゆるめ、弾力を取り戻します**。

【回数】

3カ所・各5秒 押す

✖

3セット

STEP 1

いわゆるエラ、
奥歯があるあたりです。
3本の指でほぐします。

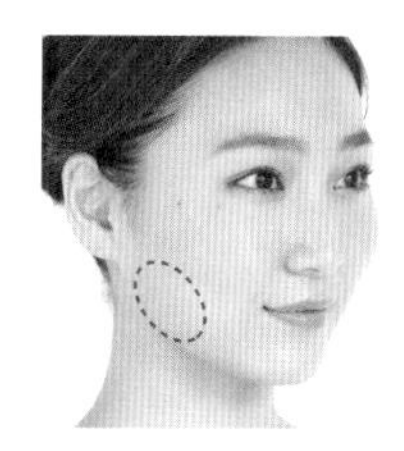

STEP 2

親指の腹で、
一番高い頬骨の裏に
指を入れるようにして
ほぐします。

STEP 3

耳の下、
あごの骨の後ろ側を
三指でほぐします。

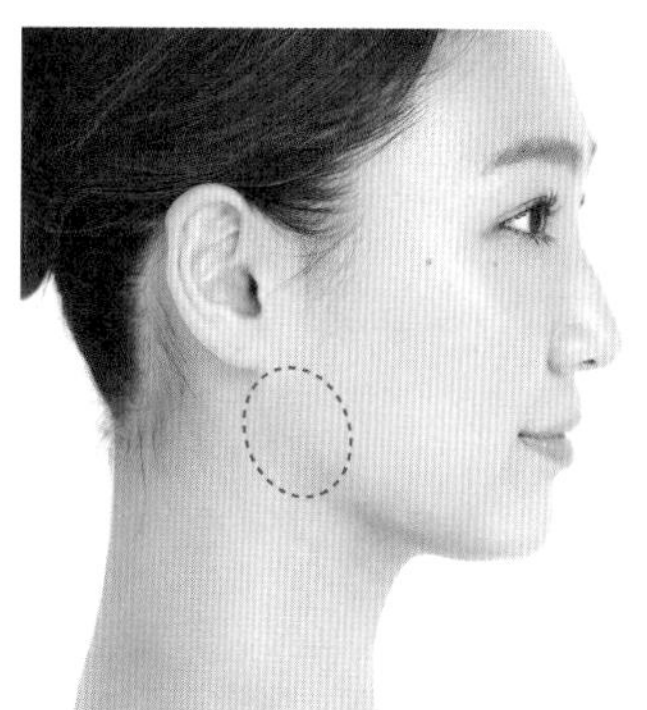

唾液腺刺激

最後に唾液腺を刺激して、唾液量をアップさせましょう。虫歯や歯周病、口臭の予防や、滑舌の改善にも効果的です。

ここで刺激するのは、**三大唾液腺**。86ページでも紹介した**耳下腺**と**舌下腺**、そして**顎下腺**の3つです。それぞれ押すと、じわじわと唾液に満たされる感覚があるはずです。

お風呂で行う場合、この後、**口に手を入れて頬の内側を親指でさすり上げてほぐし、上下・裏表の歯ぐきをひとさし指と中指でくるくるほぐす**とより高い効果が得られます。

【回数】
3カ所・各5回回す
✖
3セット

STEP 1

耳下腺は、耳の前下方に。
ここにあるくぼみを
中指と薬指で刺激しましょう。

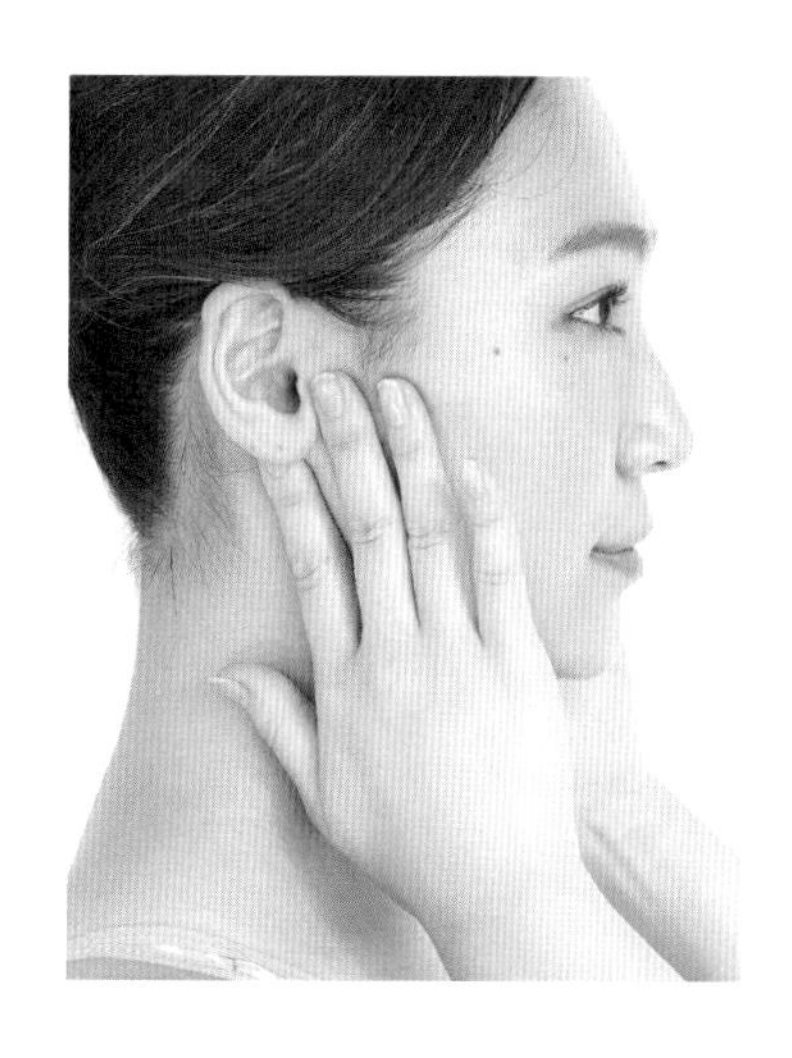

STEP 2

顎下腺は
あごの骨の一番外側から
親指1本分中に入ったあたりを
親指でほぐします。

STEP 3

最後に、舌下腺はあご先に。
いわゆる「アゴクイ」を
やるように、親指でほぐします。

歯ぐきが前にせり出してきたようで気になります。これって加齢のせいですか？

元凶は落ち舌。加齢というよりも、落ち舌の悪い影響が年月を経て蓄積した結果です。

歯ぐきがせり出す直接的な引き金の1つは、落ち舌に伴う口輪筋の筋力低下です。口輪筋が衰えると、唇をキュッと閉じる力、つまり外から内にかかる力が弱くなるため、歯と歯ぐきが前にせり出してしまうのです。

そして2つ目の引き金が、舌で歯の裏を押すクセです。特に落ち舌の人は食事で物を飲み込む際に、このクセが現れることが多いでしょう。これが積み重なって、そこに口輪筋の筋力低下も重なれば、さらに前へ前へと歯と歯ぐきがせり出してしまうわけです。

改善するには、まず落ち舌対策を。それでも難しい場合は歯列矯正も1つの手段です。

加齢というよりも、年月を経て落ち舌の悪影響が蓄積した結果！

Chapter 5

歯を白く保つための習慣

Chapter 5

歯みがき下手でも勝手にうまく磨けちゃうコツ

突然ですが、あなたは自分の歯みがきに自信がありますか？

この質問に、心から「はい！」と答えられる方は、実は少ないかもしれません。誰もがきっと、一度は行ったことがある「磨き残しチェック」。歯みがき後の歯に歯垢染色剤を塗りつけて、汚れを染め出してもらうと……鏡を見たら歯が真っ赤！「全然磨けてない！」とショックを受けた記憶があるのではないかと思います。

とはいっても忙しい現代人に、1日3回、毎食後に何十分もかけて丁寧に歯を磨きましょうとはとても言えません。だからといって、**磨き残しを放置すると、虫歯や歯周病が進行してしまう**ことは言うまでもありません。

また、磨きづらい部分にこそ飲食物による着色汚れが残るので、**清潔感のある見た目を保つためにも、磨き残しのない状態が望ましい**のです。

ではどうすればいいのか？ それを解決する3つのコツをご紹介しましょう。

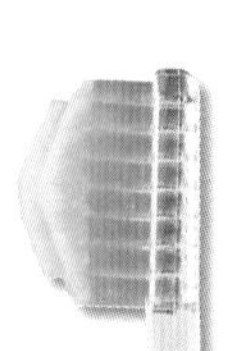

奇跡の歯ブラシ

横から見ても、縦から見ても1つの山型になっている特徴的な歯ブラシです。タフト効果で狙ったすきまに毛が入りやすく、短時間で効率的に汚れを落とすことが可能です。余分な毛を1つひとつ丁寧にカットしているので、裏側や歯と歯の間、歯と歯ぐきの境目に当てやすく、歯肉を傷つけにくいのが特徴です。

朝

1

朝・昼・夜
3つの形の歯ブラシを使い分ける

明日からはぜひ**形状の違う歯ブラシを3本**、用意してください。なぜなら、1本の歯ブラシでは磨きづらい部分があっても、種類の違う**3本が集まれば互いに補い合える**ためで、**1日トータルで見れば磨き残しを大きく減らせるから**です！

例えば、下に紹介した3つを使い分けてはいかがでしょう。忙しい朝は短時間で効率的に磨ける奇跡の歯ブラシ。昼は歯のすきまに残ったネギやゴマにも届きやすいCiプロプラス・スパイラル。そして夜は、5460本もの柔らかな極細毛が、すみずみの汚れまでかき落とす、クラプロックス・ウルトラソフト5460で、ゆっくりと磨きます。

ちなみに、使用後の濡れた歯ブラシは雑菌が繁殖しやすく、最低24時間は乾燥させたいところ。その点でも、3本の使い分けは理にかなっているのです。

また、歯ブラシは風通しの良いところに1本ずつ離して置いて、1か月を目安に交換してください。

Ciプロプラス・スパイラル

毛先が入り込みやすい超先細毛とエッジの効いたフラット毛の混植ブラシ。毛先もサイドも使える。

昼

クラプロックス・ウルトラソフト5460

毛量が多く、柔らか。段差があってもしっかりフィットする。毛の吸水性は低く、ブラシに細菌が繁殖しにくい。

※約3か月使用できます。

夜

2

えんぴつグリップで握る

歯みがきをするとき、持ち手をどのように握っていますか？　おそらく、**1**てのひら全体で握る。**2**えんぴつを持つようにして握る。このどちらかではないでしょうか。

私がおすすめしたいのは、**2のえんぴつグリップ**です。理由は、**「力があまり入らない」から**。**1**のように、てのひらでグッと握ってゴシゴシ磨くと、毛先には想定以上に力がかかっています。すると歯ブラシの毛先が開いて、歯の狙った部分に毛先を当てられず、磨き残しが多くなってしまうのです。さらに、力任せに磨くと、歯ぐきが傷ついて細菌感染を起こすおそれもあります。

専門的には25gの力で磨こう、と言われることがありますが、そんなの、イメージできませんよね（笑）。だから、とにかく**できるだけ軽い力で磨けるよう、持ち方はえんぴつグリップ**に決めましょう。ごく軽い力で毛先を小刻みに動かし、１本ずつ汚れを洗い落とすよう意識してみてください。

えんぴつを持つように、
力を抜いて軽く握ります。

3

最初に口をすすぐ

「口の中は、トイレよりも汚い！」ということばを耳にしたことはありますか？　初めて聞かれた方は、まさか！と思われるかもしれませんが、それは本当です。

事実、口の中、特に歯の表面には驚異的な数の細菌が繁殖しています。具体的には唾液1㎖につき、約100万個、そして歯垢1㎎につき約10億個もの細菌がふくまれているのです。

歯の表面についた歯垢、イコール細菌たちのかたまりは、バイオフィルムと呼ばれるバリアの膜を張っているため、**歯みがきで物理的にこすり落とす動作がマスト**。ですが、より効果的に細菌を減らすため、加えて取り入れてほしいことがあります。

それが、**歯みがき前に、まず口をすすぐこと**。簡単ですね。

歯みがき前に口の中を水で洗えば、口腔内の細菌数をその段階で、しっかりと減らしておくことができます。そうすれば、トータルで見てより効率的に歯みがきを完了させられる。ほんのワンアクションが大切なのです。

口の中はトイレよりも汚い！
まずは水でしっかりすすぎましょう

ウイルス対策としても知っておきたい！ うがいの正解

2020年からのコロナ禍を体験し、季節を問わず365日、帰宅後は必ずうがい！ という方が増えたはずです。ならば、せっかくなので効果的な正しいうがいをマスターしましょう。

最初に、正しいうがいとは、いつだって**「ブクブク口うがい＋ガラガラのどうがい」のセット**だと覚えてください。

口には驚異的な数の細菌が繁殖していますから、まずは口うがいです。外から帰ってきた際は、特に念入り

（最初に正しく口をすすぐ）

水を口にふくんで左右の頬でブクブク

普段通り、口に水をふくんでブクブクと頬を動かし、うがいする。その後、右へ左へと水を移して、左右の頬の裏をまんべんなくすすぐ。

水を、鼻の下に移動させてブクブク

口の中の水を、そのまま鼻の下に移動させ、鼻の下をふくらませながらブクブクうがいする。左右に水を動かしつつ、丁寧に。

今度は下唇の内側に水を移してブクブク

水を下唇の内側に移して、ふくらませながらブクブク。左右に水を動かして念入りに。時間のあるときは一連の動作を2回繰り返す。

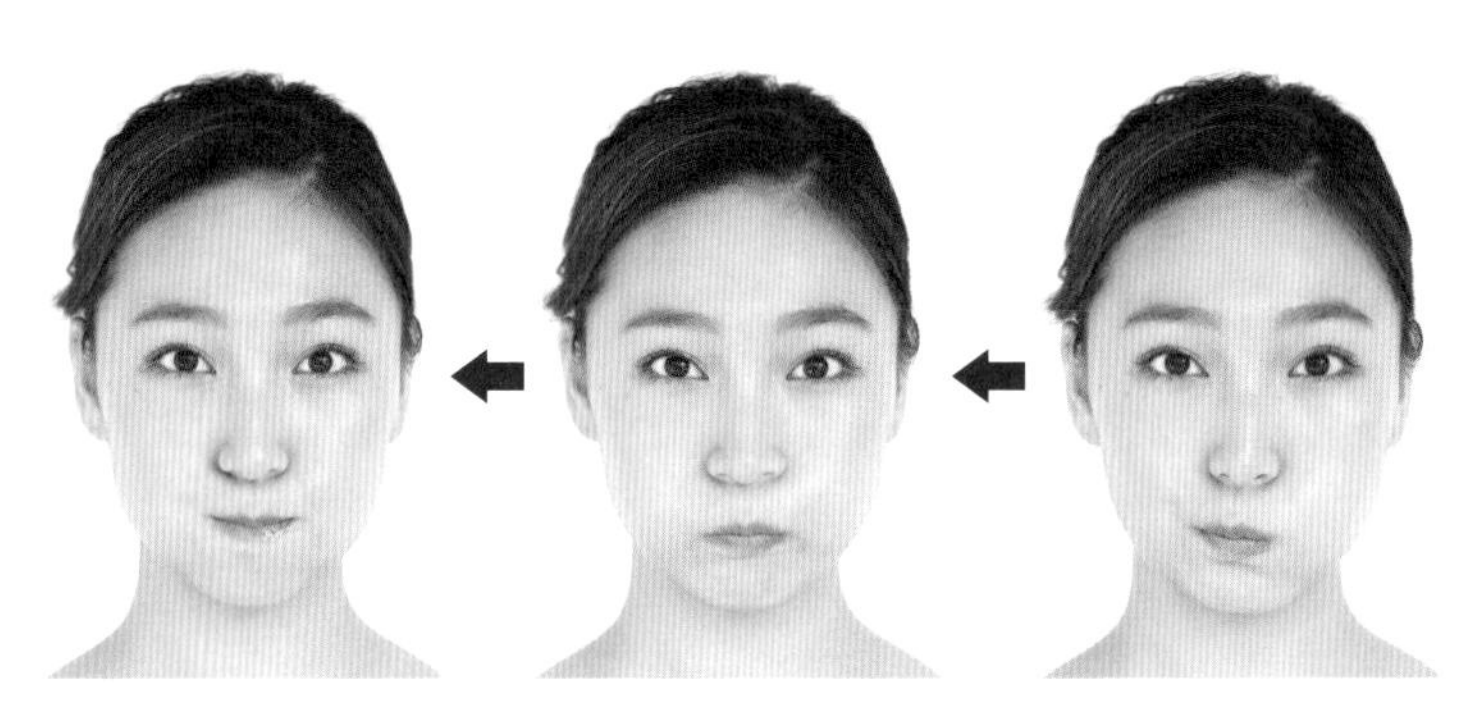

に行いましょう。
口の中がきれいになったら、ここでやっと、のどうがいです。一般的な「真上を向いてガラガラ」だけでは終わらず、上を向いたまま**舌を突き出して左右に傾けながらまんべんなく**。舌を突き出して動かすのが難しい人は、**顔や体を左右に傾けてもOK**。喉彦裏の左右にある扁桃腺(へんとうせん)に水を届けるよう、意識します。
細菌、ウイルスは目、鼻、そして口などの粘膜面から感染します。だからこそ、その1つである口とのどの清潔を保つことはかなり大切。口の乾きによる口臭予防にもおすすめ。

(のどをまんべんなくガラガラ洗う)

水を口にふくんで真上を向きガラガラ

普段通り口に水をふくみ、真上を向いてガラガラとうがい。その後、そのまま舌を真上に突き出して再びガラガラと舌の根元をすすぐ。

頭を右に傾けてガラガラ

頭ごと右に傾けて、水をしっかりと右側ののどに当てて、ガラガラ。のどにある免疫系の要所、扁桃腺にしっかり水を届けるイメージで、丁寧にうがいする。

頭を左に傾けてガラガラ

今度は頭を左に傾けてガラガラ。一連のうがいで舌を突き出すのが難しい人は、このように頭を真上➡右➡左に向けて行ってもOK。

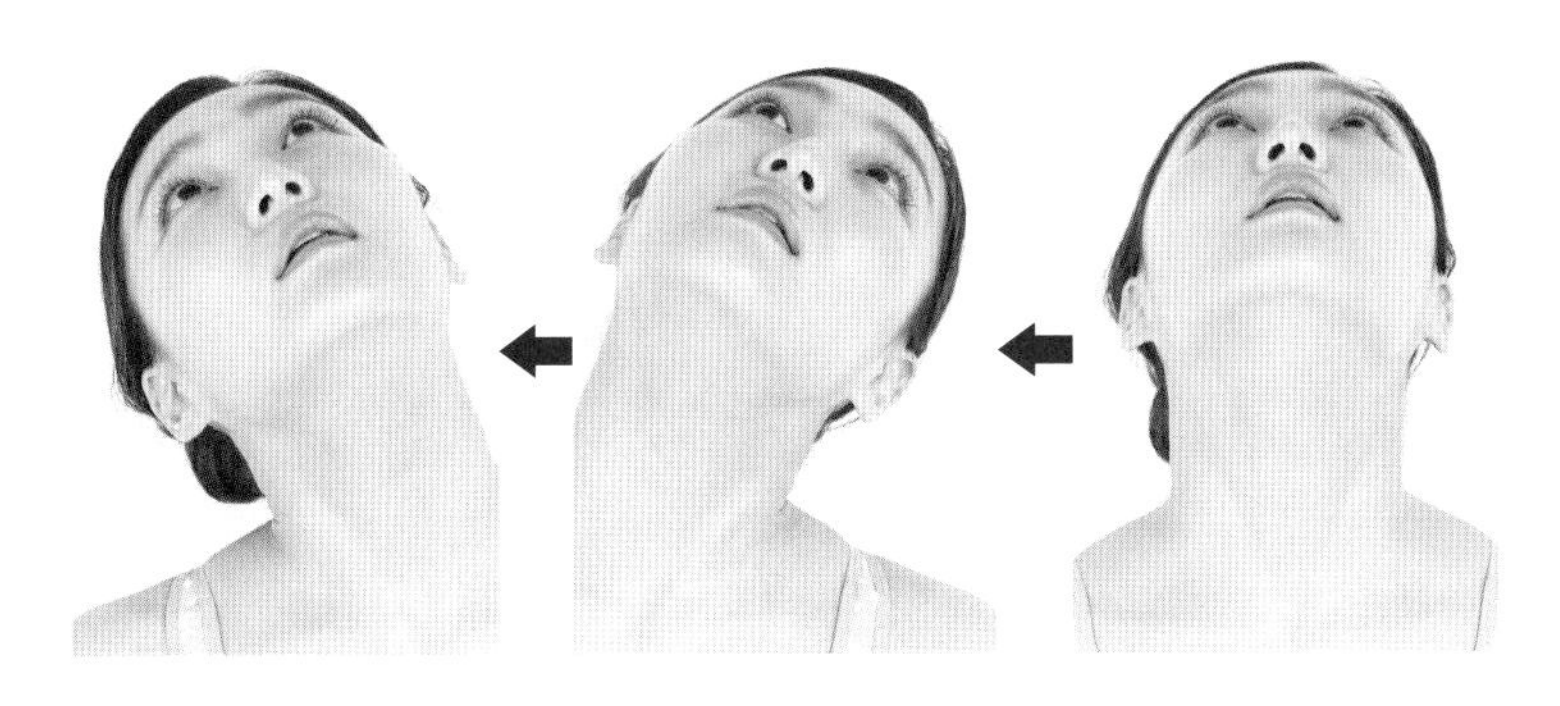

Chapter 5

末光先生おすすめ歯みがきグッズ

ドラッグストアをのぞくと多くの歯みがきグッズが並んでいます。中には、**安易に使うと、逆に歯と歯ぐきを傷つける商品もある**ので注意が必要です。

そこで、私が心からおすすめできる商品を、みなさんにご紹介します。

おすすめの歯ブラシは、94〜95ページで紹介した3種類。中でも奇跡の歯ブラシは、歯ブラシの毛全体が山型になっており、歯と歯のすきまに届きやすく、短時間で効率的に汚れを落とすことができます。

また患者さんからよく聞かれるのが、歯みがき粉。おすすめは虫歯予防に特化した、yoboo ホワイトニング歯磨きジェルと yoboo デンタルリキッドです。

これらの特徴は、「研磨剤、発泡剤、フッ素不使用」。また、配合成分の「分割ポリリン酸」の効果で、表面の汚れを浮かせて落とすため、研磨剤のように歯を傷つけません。さらに歯の表面のコーティング効果もあるため、汚れがつきにくく、とてもツルツルした仕上がりになります。ジェルは普段の歯みがきに、分割ポリリン酸高配合のリキッドは週1、2回のスペシャルケアにどうぞ。

持ち運び便利なカラフルグッズ

カラフルでフルーツのフレーバーがついたおしゃれな外見。思わず人に見せたくなるフロスです。ケースがスライド型なので、持ち運んでもふたが開いてしまわず、とても衛生的です。

ドロップス デンタルフロス／希望小売価格

毎日の歯みがきでホワイトニング

研磨剤・発泡剤・フッ素不使用のため、うがいの難しい子どもや妊娠中の人も安心。

yobooホワイトニング歯磨きジェル（医薬部外品・薬用歯みがき）50g 2,800円（税抜）

有効成分を高配合！スペシャルケアに

分割ポリリン酸を高配合。週末のケアに。フロスにしみ込ませ、歯間に使うのもおすすめ。

yobooデンタルリキッド（医薬部外品・薬用歯みがき）19mℓ 4,200円（税抜）

全面、山型カットですみずみまできれい

全体が1つの山型になっており、歯のすきままで毛先が届きやすく、効率的に磨ける。

奇跡の歯ブラシ 450円(税抜)

フッ素不使用の歯みがき粉をおすすめしているのはどうして？

フッ素自体は、虫歯予防効果のある素晴らしい成分なのですが、利用するうえでは少々、ご注意いただきたい点があるからです。

まず気をつけたいのが、フッ素には中毒量がある点。年齢（体重）に応じて使用量に上限があるため、特にお子さんが使うときには製品の対象年齢をしっかり確認してください。

また、インプラントや矯正をしている人がフッ素入りの歯みがき粉やうがい液を使うと、低濃度であっても装置がサビてしまうことがありますし、ホワイトニング治療を受けている人は、フッ素によって効果が阻害される場合もあります。

そのため、より多くの人が安心して使えるようフッ素不使用の製品を紹介しました。フッ素を使いたい人は一度、歯科医にご相談くださいね。

フッ素は使用量に上限があるので特にお子さんは注意が必要です！

ドラッグストアで歯みがき粉を選ぶときのポイントは？

おすすめなのは、研磨剤や発泡剤不使用の液体タイプやジェルタイプの歯みがき粉。ご自身の体に毎日使うものですから、なるべく体に優しい成分の歯みがき粉を選んでほしいのです。

大前提として、そもそも歯の汚れや歯垢は、歯ブラシで物理的にこすらないと落ちません。歯みがき粉の洗剤や泡で落ちるわけではない。ですから極端に言えば、しっかり歯みがきするならば歯みがき粉を使わなくてもいいくらいなんです！

それでも研磨剤や発泡剤を使いたいという人は、週1回までにとどめることをおすすめしています。発泡剤やスッキリする香料が入っていると、磨き残しがあっても「ちゃんと磨けた！」と錯覚しがちだからです。また、研磨剤も、毎日使うことで歯や歯ぐきを傷つけてしまうおそれがあります。

研磨剤や発泡剤不使用の液体タイプやジェルタイプが◎

Chapter 5

ただのガムとは大違い！ 歯科専用ガム

仕事の合間や車の運転中の気分転換のために、またなんとなく口寂しいときのために……。いつもガムを持ち歩くという人もいるかもしれませんね。

ガムをかむことは、ぜひ続けてほしい習慣です。口の中のうるおいがぐっとアップしますし、咀嚼の動きによって、リラックスしたり、気分転換になったりします。

せっかく毎日のようにかむならば、少しでも歯にうれしいガムを選びたいところ。そこでおすすめしたいのが、歯科専用のキシリトール１００％ガムです。キシリトールとは、カバノキから発見された天然の代用甘味料のこと。こちらのガムは、そのほかの甘味料を一切使っていないため安心です。スーパーやコンビニなどで手に入るガムの場合、たとえ「キシリトール配合」と表示されていたとしても、その割合はさまざまなのでチェックが必要です。

ちなみに、かむ際は左右どちらかのかみ慣れた側にかたよりがちなのでご注意を。左右を入れ替えつつ、バランス良く咬筋を動かすよう心がけましょう。

キシリトール100％のガム以外は
そのほかの甘味料に注意してください！

選ぶならキシリトール100%のガムを

矯正中や義歯の人もかみやすい歯にくっつきにくいベースを使用。かむことでうるおいUP！

キシリトール100%（アップルミント／クリアミント／オレンジ）153g 950円（税抜）

Chapter 5

歯が白いだけで5歳若く見える!

忙しい毎日の息抜きとして、コーヒーや紅茶、赤ワインを楽しまれる人は多いでしょう。ただ、気になるのが歯の着色汚れです。これは歯の表面の糖タンパク膜、ペリクルに、飲食物の色素成分が結合して蓄積したもの。着色汚れが目立つ黄ばんだ歯は、**清潔感が損なわれ、見た目が5歳は老けて見える印象**に。

白い歯を保つ基本は、やはり歯みがき。着色汚れが定着するのを防ぐため、週に1、2回程度は研磨剤入りの歯みがき粉を使いましょう。また、コーヒーなどを楽しんだ後には毎回、口をすすいだりするだけでだいぶ変わります。それでも難しい場合は、やはり歯科医院でホワイトニングの施術を受けましょう。

ホワイトニング、と一口に言っても、手法はさまざまです。歯にかぶせ物をして白くしたり、マニキュアのように色を塗ったり、表面の汚れをきれいに落として白くしたり。歯自体を漂白する方法もあります。

ちなみに口呼吸も、口の中を乾燥させて着色汚れを定着させる原因の1つ。こんなところにまで、**落ち舌の悪影響が及ぶ**わけですね。

定着した着色汚れって
歯みがきでは、なかなか……

審美歯科のホワイトニングって?

ホワイトニングと言っても、その方法は多岐にわたります。ここでは、数ある中でも始めやすい3つをご紹介。着色の原因や歯の状態などを診ながら、その人にあった最適な方法を選択します。

1 歯全体を漂白する方法

歯のエナメル質と象牙質にふくまれる色素を、薬剤の力で分解して目に見えづらくし、相対的に歯を白く感じさせます。加えて、歯の表面の構造を変化させ、光の乱反射を起こして白く見せます。本来の歯の色が気になる人におすすめ。

2 表面の汚れを落として白くする方法

飲食やタバコなどにより歯の表面にこびりついた着色汚れを、専用の機器を使用してしっかり除去することで、歯を本来の白さに導きます。歯垢が石灰化した歯石も除去できるため、口の中の健康維持にも役立ちます。

3 マニキュアのようなものを塗る方法

歯の表面に、マニキュアのように白いカラーを塗って、本来の歯の色を隠す方法です。ただし、歯に厚みが出たり、かみ合わせによってはすぐはずれたり割れやすくなったりするため、一時的なものとして取り入れるのがおすすめです。

白さは永久には持続しないため
定期的に通う必要があります

Column

歯列矯正ってどんな効果があるの？

効果1 審美的に改善される

笑うとき、つい手で口元を隠してしまう……など、ガタガタの歯並びにコンプレックスのある人は、歯列矯正を受けることで、笑顔に自信を持てるように。出っ歯や受け口なども改善できるため顔の下半球がすっきりと整う。

効果2 虫歯・口臭・歯周病の予防

歯並びが改善すると、すみずみまで歯ブラシが届き、磨き残しが減って虫歯や歯周病を予防できるように。また、歯並びのせいで口をきちんと閉じられるようになれば口内の唾液量も増え、虫歯や歯周病、そして口臭も改善する。

歯並びをコンプレックスに感じる人は意外と多いもの。そのほとんどの人が、一度は歯列矯正を考えたことがあるのではないでしょうか。

そもそも歯列矯正とは、歯やあごの骨などに力を加えて、ゆっくりと位置を動かし、悪い歯並びや、かみ合わせを整える施術のこと。歯にブラケットと呼ばれる専用の装置とワイヤーを装着したり、マウスピースをつけたりして治療を進めます。金額はかみ合わせの悪さの程度によって治療期間とともに変動しますが、

効果3

咀嚼機能改善&消化力向上

歯並びやかみ合わせが改善すると、前歯でかじり取る動作や、食べ物を細かくかみ砕く、咀嚼機能が向上。よくかんで、唾液の消化酵素をしっかりはたらかせてから飲み込めば、胃腸への負担も減って機能が回復する。

効果4

発音が良くなる

2章でご説明した通り、発声は、のどだけで出すわけではなく、口の中全体で響かせるもの。そのため歯並びが改善して上下の歯や、歯と歯の間のすきまがなくなれば、しっかりと明瞭な声を響かせられるように。

相場は100万〜200万円です。

なかなか根気のいる治療ではありますが、**歯並びとかみ合わせが改善すれば、良いことばかり。**

口元の印象がすっきりと整って、笑顔に自信を持てるようになるのはもちろん、虫歯や歯周病、口臭なども予防できます。

また、食べ物をかんで飲み込む、咀嚼・嚥下能力も改善され、それに伴って胃腸の消化能力も上がります。

さらに、発声に関わる問題も改善され、睡眠の質や体の運動機能も向上し、姿勢も良くなる。このように**さまざまな効果を期待できる**のです。

大人になってからの歯列矯正は、どのくらいで改善されますか？

「歯列矯正って、子どもの頃に受けないとダメですよね？」。これは非常によく聞かれます。

確かに成長期に行えば、永久歯に生え変わるタイミングできれいに並ぶよう誘導できますし、抜歯の必要が少なかったり、骨が柔らかいので歯が動きやすかったり、などのメリットがあります。

ですが、歯科矯正は大人になってからでも十分間に合うので、ご安心を。実際、私の医院から矯正歯科に紹介し、多くの人が美しい歯並びと快適で健やかな生活を手に入れています。

治療期間は、どのくらいかみ合わせが悪いか、その程度によって変動します。ごく軽い症状であれば数か月で終了しますが、一般的には約2年、重度になると3年以上かかることも。ぜひ一度、かかりつけの歯科医院でご相談ください。

かみ合わせの悪さの程度により、数か月〜3年以上と幅があります

Chapter 6

みんなが気になる！歯・あご・声のこと

あごがガクガクします。顎関節に原因があるのではないかと心配です。病院へ行ったほうがいいですか？

口を大きく開け閉めしたときに音がしたり、痛みを感じたりする場合は、顎関節症を疑いましょう。次の項目をチェックしてみてください。

- 口を大きく開けたとき、口にひとさし指から薬指を並べた3本の指を縦にして入れられる？
- 口を大きく開け閉めすると、あごが痛む？
- 口を大きく開いたとき、下あごが真下に開く？
- 硬いものを食べるとあごや顔が痛む？

1つでも当てはまる人は、ぜひ歯科医院、もしくは顎関節症の専門医にご相談ください。

予防のカギは生活習慣の改善。長時間硬いものをかみ続けることは避けて。また、無意識に上下の歯をかみ合わせてしまうクセや、頬杖をつくクセ、猫背などの悪い姿勢、カバンを片側ばかりで持つクセのある人は、ぜひ改善しましょう。

疑いがある人は医師に相談を！予防のカギは生活習慣の改善です

集中していると歯を食いしばってしまいます。 食いしばることの弊害や治し方を教えて！

何かに没頭していると、つい歯をグッとかみ締めてしまう……。これは、よく受ける相談です。通常、食事や会話などで上下の歯が接触している時間は1日のうち、たった10分前後とされています。そのため、あまりに長時間、強い力で食いしばると、歯が知覚過敏になったり、損傷したりすることが。頭痛や肩コリ、耳鳴りなどが現れる場合もあります。

食いしばりのクセは、無意識だからこそ、改善が難しいですね。フセンに「食いしばってる?」と書いて、テレビやパソコンの端など、目につきやすい場所に貼り、見るたびにちょこちょこ直すという方法が考えられます。

ただ、ひどい人ほど治療が難しいため、歯科医院にご相談することをおすすめします。

Answer

歯の知覚過敏や損傷のおそれも！ 症状が強い方は、歯科医院へ

寝ているときに歯ぎしり、いびきがすごいと指摘されました。治す方法はありますか？

睡眠中のことは自分では気づかないもの。

まず歯ぎしりは、一晩で10分程度なら問題ありません。しかし、それ以上だったり、歯ぎしりの影響がほかの体の部位に及んでいたりする場合は治療が必要です。歯の被せ物が合わず、歯ぎしりをしているケースでは治療ですぐ改善しますが、原因が精神的ストレスや、単なる「動きのクセ」の場合は根本治療が難しくなります。その際は、睡眠時のマウスピースを作成したり、ときには、かみ締める筋肉にボトックス注射をして過度な動きを抑えたりして、対症療法を行います。

いびきに関しては、落ち舌のせいも考えられますが、ほかに原因があることも。歯科医院や睡眠専門クリニックに相談されるのがベストです。

歯ぎしりもいびきも、理由はさまざま。悩むより、医師にご相談を！

若い頃より
声が低くなったような……。
これって、なぜですか？

声は加齢とともに変化します。特に女性は、30～40代で明らかに声が低くなり、年を重ねるにつれてどんどん低くなるという報告があります。

原因には、声帯の細胞・筋肉の老化や、呼吸機能の老化による肺活量の減少、発声の際に声を響かせる共鳴腔、つまりのど・口・鼻の老化などがあげられます。

中でも、とりわけ落ち舌の人の場合は、舌とともに周辺の筋力も低下しているため、共鳴腔の老化による影響が考えられそうです。ですから、小顔音読と舌トレによって、声の老化を食い止められることは言うまでもありません。

ちなみに男性の声は、60代まであまり変化せず、70代以降にむしろ高くなるという結果が。声のかわいいおじいちゃんってけっこういますものね。

落ち舌の人は、のどや鼻、口などの
共鳴腔が衰えたせいかも！

参考文献：「加齢に伴う音声の変化-音学的手法を用いた解析」（西尾正輝、田中康博、新美成二）、「加齢に伴う話声位の変化」（西尾正輝、新美成二）、「『医学・医療のトピックス』アンチエイジングへの挑戦 声のアンチエイジング」（平野滋）

ホワイトニングをしてみたいけど
高いイメージが……。
いくらくらいかかりますか？

ホワイトニングって、タレントやモデルとか美意識の高い人のための高価な治療でしょ？　そんな声を耳にすることがあります。確かにひと昔前はそういった側面もありました。ですが、今やホワイトニングはより広く浸透し、より気軽な施術となり、当院にも幅広い年代の人が訪れています。

価格は、当院では1歯500円（税抜）。その場で希望する歯だけを選んでいただきます。一番多いのは、ニコッと笑って見える範囲だけを行う施術。この場合、12本～16本で、総額6千円～8千円（税抜）です。このように、予算に応じて、効果的にホワイトニングすることもできます。

頻度は2～3か月に1回がおすすめなので、1シーズンに1回、新しい洋服を1枚買うような気持ちで、気軽に始めてみてはいかがでしょうか？

当院では1歯500円。予算に応じ
見えやすい歯だけを白くできます！

電動歯ブラシの
正しい使い方を教えてください

電動歯ブラシは、手動の歯ブラシでは難しい、高速かつ細かな振動を起こすことによって、短時間で歯垢のバリアを破壊できるため、忙しいみなさんにぴったりのグッズです。

使う際に注意したいのは、歯に毛先を軽く当てること。強く押し当てると毛先が開いて磨きたいところに当たらないうえ、振動で歯ぐきを傷つけるおそれがあるのです。また1か所に当てる時間は、「4秒程度」でOKです。

また、歯みがき粉に研磨剤が入っていると、歯や歯ぐきを傷つけてしまいますし、発泡剤が入っていると、あっという間に泡だらけになって磨けなくなってしまいます。研磨剤や発泡剤が入っていない、液体タイプやジェルタイプの商品を選んでくださいね。

毛先を軽く当て、1か所4秒！
歯みがき粉は研磨剤・発泡剤NG

おわりに

口は人生の鏡

みなさん驚かれる方も多いのですが、口元はその人の生きざまや考え方などが如実に現れる場所です。

目元はお化粧などで印象を大きく変えることができますが、口元や歯の状態は化粧では変えられません。食べる・呼吸するという生命維持活動だけでなく、話す・表情をつくるなどコミュニケーションの中心的臓器で、身体的・社会的健康を左右する重要なパーツです。

現在の生活状況が、口臭や虫歯として現れ、歯の並びには、これまでの生活状況やクセ、口角の位置や周囲のシワには、普段どんなことを話すのか、ネガティブ・ポジティブ傾向が見て取れます。

一度削った自分の歯は元に戻ることはありません、お口の中に問題が起きる前にお話しできる機会を持つため、現在ではホワイトニングと予防歯科をメインとした歯科医院を運営しています。多くの人の笑顔を増やすこと、歯科医院を「行きたくない場所」から「定期的に通うべき場所」にすることの意義発信を10年ほど続けています。美しい口元が美容にも影響を与えているというのをみなさんにも伝えたく、この本を出版することとなりました。

この本を手に取っていただいたことで、直接お会いできないあなたの、後悔せず笑顔溢れる人生を送るきっかけに少しでもなれれば幸いです。

最後に、この本を制作するうえでご協力いただいたワニブックス吉本光里様をはじめ、ＢＬＢはり灸整骨院石濱法子先生、ビューティーヴィジュアルクリエイト協会代表ＫＯＢＡ様、こうざと矯正歯科クリニック上里聡先生、ありがとうございました。

ミュゼホワイトニング歯科医師 末光妙子

歯学部卒業後、日本大学松戸歯学部付属病院や一般歯科医院に勤務。虫歯の診療を続ける中で、大切な歯を守るためには予防歯科の普及と、気軽に歯医者に通うことができる環境が必要と考え、虫歯予防の効果も得られるホワイトニングの普及のため、2011年ミュゼホワイトニングの立ち上げに携わる。現在は同歯科医院を運営する医療法人の理事長を務め、お口のケア全般について幅広い知識があり、「必白仕事人」の異名を持つ。

ミュゼホワイトニングについて

ミュゼホワイトニングは、女性から圧倒的支持を受ける美容脱毛サロン「ミュゼプラチナム」がプロデュースする、医療機関のホワイトニングサービスです。2012年、歯科医師・歯科衛生士の施術による「ポリリンホワイトニング」専門クリニックをスタートさせ、現在全国に63院展開中です（2020年9月末時点）。

医療機関の確かな技術と、サロン品質の心地良いおもてなしの心で、口腔内の健康からみなさまの豊かな暮らしをサポートいたします。

著者 末光妙子（すえみつ・たえこ）

歯学部卒業後、日本大学松戸歯学部付属病院や一般歯科医院に勤務。虫歯の診療を続ける中で、大切な歯を守るためには予防歯科の普及と、気軽に歯医者に通うことができる環境が必要と考え、虫歯予防の効果も得られるホワイトニングの普及のため、2011年ミュゼホワイトニングの立ち上げに携わる。現在は同歯科医院を運営する医療法人の理事長を務め、お口のケア全般について幅広い知識があり、「必白仕事人」の異名を持つ。

歯科医師が教える、
魔法の早口ことば

小顔音読

著 者 末光妙子

2020年11月10日 初版発行

発行者 横内正昭
編集人 青柳有紀

発行所 株式会社ワニブックス
〒150-8482
東京都渋谷区恵比寿4-4-9えびす大黒ビル
電話 03-5449-2711（代表）
03-5449-2716（編集部）
ワニブックスHP http://www.wani.co.jp/
WANI BOOKOUT http://www.wanibookout.com/

印刷所 美松堂株式会社
製本所 ナショナル製本

定価はカバーに表示してあります。

※本書のメソッドは著者独自のものであり、効果・効用には個人差があります。
※事故やトラブルに関して本書は責任を負いかねますので、あくまでも自己責任においてご活用をお願いいたします。
※本書のメソッドを行うことに心配や不安がある場合は、専門家や専門医にご相談のうえお試しください。

ISBN 978-4-8470-9976-2

Staff

取材・構成
高木さおり

装丁・本文デザイン
木村由香利（986DESIGN）

イラスト
makomo
川野郁代

撮影
長谷川梓

ヘアメイク
藤原リカ（Three Peace）

校正
深澤晴彦

編集協力
佐藤友美（有限会社ヴュー企画）

編集統括
吉本光里（株式会社ワニブックス）